매일 쉬운 ①
스토리 한국사

고대~조선 전기

정답과 해설은 EBS 초등사이트(primary.ebs.co.kr)에서 다운로드 받으실 수 있습니다.

교재 내용 문의
교재 내용 문의는 EBS 초등사이트
(primary.ebs.co.kr)의
교재 Q&A 서비스를 활용하시기 바랍니다.

교재 정오표 공지
발행 이후 발견된 정오 사항을
EBS 초등사이트 정오표 코너에서 알려 드립니다.
교과/교재 → 교재 → 교재 선택 → 정오표

교재 정정 신청
공지된 정오 내용 외에 발견된 정오 사항이 있다면
EBS 초등사이트를 통해 알려 주세요.
교과/교재 → 교재 → 교재 선택 → 교재 Q&A

수학 꽉 잡아

매일 쉬운

①

스토리 한국사

고대~조선 전기

이 책의 구성과 특징

이 책은 '스토리 한국사'를 보다 쉽게 이해할 수 있도록 짧고 재미있게 설명하여 만든 책이에요.
매일 4쪽, 가볍게 읽고 술술 문제를 풀다 보면 한국사가 머릿속에 쏘~옥 들어와 있을 거예요.

1 공부한 날
매일 한 주제씩 읽고
문제를 풀며 학습 습관을
길러 보아요.

4 스토리 씽킹
이제 스토리에 대해 생각해 볼까요?
문제를 통해 **스토리 속 중요 개념을**
정리하고 완전한 내 것으로 만들어
보아요.

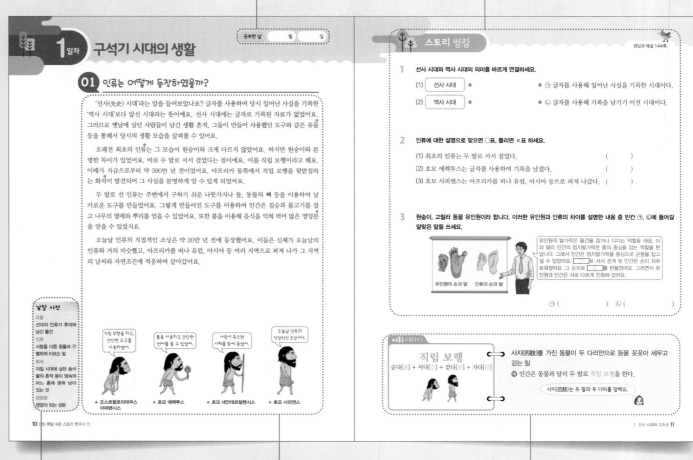

3 낱말 사전
스토리 속 **어려운 낱말을**
쉽게 설명했어요.

2 스토리 한국사
재미있는 이야기를 듣는
것처럼 가벼운 마음으로
스토리를 읽어 보세요.

5 어휘 더하기
스토리 속의 어휘를 통해
국어 실력까지 쑥쑥
키워 보아요.

앞으로
공부할 내용을
그림과 연표로
살펴보세요.

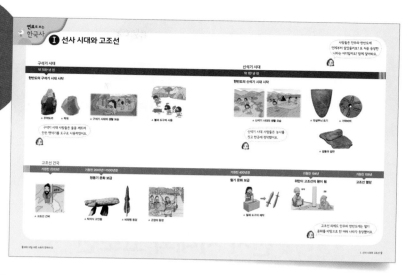

6 실전 문제

다양한 문제를 통해 공부한 내용을
다시 한번 정리해 보세요.

7 어휘 적용하기

'어휘 더하기'의 낱말들로 만들어진
문제를 풀어 보고, 어휘의 의미를
다시 한번 생각해 보아요.

5일차 | 실전 문제

정답과 해설 144쪽

12 (가)에 들어갈 내용으로 옳은 것은 무엇인가요? ( )

> 고조선은 (가) 문화를 바탕으로 세워졌
> 습니다.

① 구석기   ② 신석기
③ 청동기   ④ 철기
⑤ 세형 동검

13~14 다음은 고조선에 있던 법 조항의 일부입니다. 이
를 보고 물음에 답하세요.

> • 사람을 죽인 사람은 사형에 처한다.
> • 남에게 상해를 입힌 사람은 곡식으로 갚는다.
> • 남의 물건을 훔친 사람은 데려다 노비로 삼으며, 죄를 면
>   하려면 50만 전을 내야 한다.

13 위 내용이 담긴 법을 무엇이라고 부르는지 쓰세요.

( )

14 위 자료의 법 조항을 통해 알 수 있는 사실로 옳지 않은
것은 무엇인가요? ( )

① 노비가 있었다.
② 이동 생활을 하였다.
③ 계급이 구분된 사회였다.
④ 사람의 생명을 중시하였다.
⑤ 개인의 재산을 인정하였다.

15 다음은 고조선의 건국 이야기에 대한 설명입니다. 빈칸
㉠~㉢에 들어갈 알맞은 말을 쓰세요.

> 고조선을 세운 ㉠□□□□에 관한 이야
> 기입니다. ㉡□은 하늘에 제사를 지내는
> 제사장, ㉢□□은 정치를 주관하는 정치
> 지배자를 뜻하는 말입니다. 따라서 ㉠□
> □□□은 제사장인 동시에 정치 지배자였
> 다는 사실을 의미합니다.

㉠ ( )
㉡ ( )
㉢ ( )

16 다음 지도는 철기 문화를 바탕으로 등장한 국가를 보여
줍니다. (가)~(마) 중 부여의 위치는 어디인가요?

( )

① (가)   ② (나)
③ (다)   ④ (라)
⑤ (마)

28 EBS 매일 쉬운 스토리 한국사 ①

어휘 적용하기

정답과 해설 145쪽

1 다음 문장의 밑줄 친 단어와 바꾸어 쓸 수 있는 낱말을 〈보기〉에서 찾아 쓰세요.

> 보기
> 토착   침략   자연   이동   극복

(1) 떠돌던 백성이 이 마을에 들어와 살면서 정착민이 되었다. ( )
(2) 한이 고조선을 공격하였다. ( )

2 빈칸 ㉠, ㉡에 들어갈 알맞은 낱말을 바르게 나열한 것은 무엇인가요? ( )

> 신석기 시대 사람들은 먹을거리를 구하기 쉬운 강가나 해안가에 움집을 짓고 농사를 지으며 ㉠ 생활을 하기 시작하였어.
> 농사가 더욱 발달하면서 농업 생산량이 크게 늘었고, 먹을거리가 남게 되었어. 그러자 사람들은 서로 차지하려고 싸움을 벌였어.
> 맞아. ㉡ 시대에 이르러 계급과 국가가 나타나게 되었지.

　　㉠　　　㉡
① 이동   신석기
② 채집   신석기
③ 이동   뗀석기
④ 정착   청동기
⑤ 정착   뗀석기

3 빈칸 ㉠~㉢에 들어갈 알맞은 낱말을 〈보기〉에서 찾아 쓰세요.

> 보기
> 고조선   고구려   뗀석기   탁자식 고인돌   비파형 동검

> 선생님, 우리 역사상 최초의 국가인 ㉠에 대한 기록이 별로 없다는데, 존재하였다는 사실을 어떻게 알죠?
> 맞아요. 고조선의 문화 범위를 짐작해 볼 수 있는 유물로는 미송리식 토기를 비롯해 무덤인 ㉡와/과 청동기인 ㉢이 있어요.
> 유물과 유적을 통해 고조선의 문화 범위를 짐작해 볼 수 있는데…

㉠ ( )
㉡ ( )
㉢ ( )

Ⅰ. 선사 시대와 고조선 29

이 책의 차례

Ⅲ 고려 시대

Ⅳ 조선 전기

I

선사 시대와 고조선

"만주와 한반도 땅에 언제부터 사람이 살고 나라가 등장했을까요?"

인류는 두 발로 서서 걸으며 도구를 만들고 지혜가 발달하였어요. 무리 지어 이동 생활을 하던 인류는 농경 생활을 하면서 한곳에 정착하였고, 점차 더 큰 사회 집단을 구성했답니다. 이후 청동기 문화를 바탕으로 우리 역사상 최초의 국가인 고조선이 등장했지요. 나아가 철기 문화가 발전하면서 만주와 한반도 땅에 여러 나라가 세워졌어요. 각자 특색 있는 정치와 사회 모습을 지닌 여러 나라는 어떻게 성장했을까요?

Ⅰ 선사 시대와 고조선

구석기 시대

약 70만 년 전

한반도의 구석기 시대 시작

▲ 주먹도끼　▲ 찍개

▲ 구석기 시대의 생활 모습

▲ 불과 도구의 사용

> 구석기 시대 사람들은 돌을 깨뜨려 만든 뗀석기를 도구로 사용하였어요.

고조선 건국

기원전 2333년　　**기원전 2000년~1500년경**

청동기 문화 보급

▲ 고조선 건국

▲ 탁자식 고인돌

▲ 비파형 동검

▲ 군장의 등장

사람들은 만주와 한반도에 언제부터 살았을까요? 또 처음 등장한 나라는 어디일까요? 함께 알아봐요.

신석기 시대

약 1만 년 전

한반도의 신석기 시대 시작

▲ 신석기 시대의 생활 모습

▲ 빗살무늬 토기

▲ 가락바퀴

신석기 시대 사람들은 농사를 짓고 한곳에 정착했어요.

▲ 갈돌과 갈판

기원전 400년경	기원전 194년	기원전 108년
철기 문화 보급	위만이 고조선의 왕이 됨	고조선 멸망

▲ 철제 도구의 제작

위만

준왕

고조선 외에도 만주와 한반도에는 철기 문화를 바탕으로 한 여러 나라가 등장했어요.

1일차 구석기 시대의 생활

01 인류는 어떻게 등장하였을까?

'선사(先史) 시대'라는 말을 들어보았나요? 글자를 사용하여 당시 일어난 사실을 기록한 '역사 시대'보다 앞선 시대라는 뜻이에요. 선사 시대에는 글자로 기록된 자료가 없었어요. 그러므로 옛날에 살던 사람들이 남긴 생활 흔적, 그들이 만들어 사용했던 도구와 같은 유물 등을 통해서 당시의 생활 모습을 살펴볼 수 있어요.

오래전 최초의 인류는 그 모습이 원숭이와 크게 다르지 않았어요. 하지만 원숭이와 분명한 차이가 있었어요. 바로 두 발로 서서 걸었다는 점이에요. 이를 직립 보행이라고 해요. 이때가 지금으로부터 약 390만 년 전이었어요. 아프리카 동쪽에서 직립 보행을 뒷받침하는 화석이 발견되어 그 사실을 분명하게 알 수 있게 되었어요.

두 발로 선 인류는 주변에서 구하기 쉬운 나뭇가지나 돌, 동물의 뼈 등을 이용하여 날카로운 도구를 만들었어요. 그렇게 만들어진 도구를 이용하여 인간은 짐승과 물고기를 잡고 나무의 열매와 뿌리를 얻을 수 있었어요. 또한 불을 이용해 음식을 익혀 먹어 많은 영양분을 얻을 수 있었지요.

오늘날 인류의 직접적인 조상은 약 20만 년 전에 등장했어요. 이들은 신체가 오늘날의 인류와 거의 비슷했고, 아프리카를 떠나 유럽, 아시아 등 여러 지역으로 퍼져 나가 그 지역의 날씨와 자연조건에 적응하며 살아갔어요.

낱말 사전

유물
선대의 인류가 후대에 남긴 물건

인류
사람을 다른 동물과 구별하여 이르는 말

화석
지질 시대에 살던 동식물의 흔적 등이 땅속의 어느 층에 묻혀 남아 있는 것

영양분
영양이 되는 성분

▲ 오스트랄로피테쿠스 아파렌시스

▲ 호모 에렉투스

▲ 호모 네안데르탈렌시스

▲ 호모 사피엔스

1 선사 시대와 역사 시대의 의미를 바르게 연결하세요.

(1) 선사 시대 •

(2) 역사 시대 •

• ㉠ 글자를 사용해 일어난 사실을 기록한 시대이다.

• ㉡ 글자를 사용해 기록을 남기기 이전 시대이다.

2 인류에 대한 설명으로 맞으면 ○표, 틀리면 ×표 하세요.

(1) 최초의 인류는 두 발로 서서 걸었다. ( )

(2) 호모 에렉투스는 글자를 사용하여 기록을 남겼다. ( )

(3) 호모 사피엔스는 아프리카를 떠나 유럽, 아시아 등으로 퍼져 나갔다. ( )

3 원숭이, 고릴라 등을 유인원이라 합니다. 이러한 유인원과 인류의 차이를 설명한 내용 중 빈칸 ㉠, ㉡에 들어갈 알맞은 말을 쓰세요.

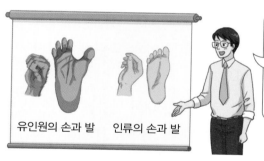

유인원의 손과 발   인류의 손과 발

유인원의 발가락은 물건을 잡거나 디디는 역할을 해요. 이와 달리 인간의 엄지발가락은 몸의 중심을 잡는 역할을 한답니다. 그래서 인간은 엄지발가락을 중심으로 균형을 잡고 설 수 있었어요. [㉠]로 서서 걷게 된 인간은 손이 자유로워졌어요. 그 손으로 [㉡]를 만들었어요. 그러면서 유인원과 인간은 서로 다르게 진화해 갔어요.

㉠ ( )   ㉡ ( )

어휘 더하기

직립 보행
곧다[直] + 서다[立] + 걷다[步] + 가다[行]

사지(四肢)를 가진 동물이 두 다리만으로 등을 꼿꼿이 세우고 걷는 일

㉖ 인간은 동물과 달리 두 발로 직립 보행을 한다.

사지(四肢)는 두 팔과 두 다리를 말해요.

02 구석기 시대 사람들은 어떻게 살았을까?

"해가 떴으니 오늘 먹을거리를 찾아 나서자."

구석기 시대 사람들은 아침에 해가 뜨면 그날의 먹을거리를 찾아 계획을 세우고 주변을 돌아다녔어요. 계획을 세워야 위험한 동물을 피하고 열매 등이 많은 장소를 빨리 찾아낼 수 있으니까요. 그들은 나무 막대기, 돌을 떼어 내거나 깨뜨려 만든 뗀석기 등으로 나무 열매, 풀뿌리 등을 따거나 캐내었어요. 또한 여럿이 모여 짐승을 사냥하기도 하였지요.

해가 지면 동굴 등 보금자리로 모여들었어요. 이곳은 추위와 사나운 동물의 공격을 피할 수 있어 살기에 알맞았어요. 이 시대 사람들은 뗀석기로 사냥한 동물의 가죽을 벗기고, 고기를 잘랐어요. 한쪽에서는 벗겨 낸 가죽으로 옷을 만들었지요. 모두 둘러앉아 근처에서 구한 식물의 열매와 뿌리도 먹었어요. 한쪽에서는 불을 피워 동굴 안을 따뜻하게 했지요.

그런데 당시 사람들은 한 동굴에서 오래 살 수 없었어요. 보금자리 근처의 먹을거리가 떨어지면 먹을거리를 찾아 이리저리 옮겨 다니며 이동 생활을 했어요. 이때 경험이 많고 무리를 안전하게 이끌 수 있는 사람이 지도자가 되었지요.

이러한 구석기 시대 사람들이 살아가는 데 주로 이용한 도구는 뗀석기였어요. 사람들이 처음 사용한 도구는 자연에서 쉽게 구할 수 있는 나무, 돌, 동물의 뼈 등이었어요. 그러다가 뾰족한 돌이 쓰임새가 많다는 것을 알게 되었어요. 그리고 사냥하거나 땅을 파기에 보다 편리한 도구를 만들기 시작하였어요.

사람들은 돌과 돌을 맞부딪치거나 돌을 떼어 내어 날카롭게 다듬고, 쓰임에 따라 주먹도끼, 찍개 등의 도구를 만들었어요. 이러한 뗀석기를 이용한 시대를 구석기 시대라고 해요.

낱말 사전

뗀석기
돌을 깨서 만든 돌도구

주먹도끼
손에 쥐고 사용하던 뗀석기로 사냥, 나무 손질, 고기 자르기 등 다양한 용도로 쓰인 만능 도구

찍개
거친 나무를 다듬는 데 주로 사용하던 뗀석기

▲ 주먹도끼(경기 연천)

▲ 찍개

1 구석기 시대에 대한 설명으로 맞으면 ○표, 틀리면 ×표 하세요.

(1) 도구로 간석기를 이용하였다. ( )

(2) 동굴 근처에서 식물의 열매와 뿌리를 구해 먹었다. ( )

(3) 한곳에서 오랜 기간 정착 생활을 하였다. ( )

2 다음 내용의 ☐ 안에 들어갈 알맞은 말을 쓰세요.

(1) 구석기 시대에는 돌을 떼어 내거나 깨뜨려 ☐☐☐를 만들었다.

(2) ☐☐은 구석기 시대의 사람들이 추위나 동물의 공격을 피할 수 있는 장소였다.

(3) 구석기 시대 사람들은 ☐을 이용하여 음식을 익혀 먹을 수 있었다.

3 다음 내용의 빈칸 ㉠~㉢에 들어갈 알맞은 말을 쓰세요.

선생님! 왜 ㉠ 라고 부르나요?

사람들이 돌을 깨뜨려 조각을 떼어 내서 만들었거든. 구석기 시대에 만들어진 도구였지.

쓰임새에 따라 다양하게 만들어졌겠네요.

짐승의 가죽을 벗기는 모습이야. 이때 사용한 도구는 찍는 날과 자르는 날이 모두 있는 만능 도구인 ㉡ 란다. 주로 손에 쥐고 사용했지.

이건 나무를 다듬는 데 쓰이는 도구인가요?

맞아. 한쪽의 날이 날카로워 거친 나무 등을 다듬는 데 쓸모가 있지. 찍는 데 썼다고 해서 ㉢ 라고 했단다.

㉠ ( )　　㉡ ( )　　㉢ ( )

어휘 더하기

이동
옮기다[移] + 움직이다[動]

○── 움직여서 옮기거나 자리를 바꿈

예 구석기 시대 사람들은 사냥과 채집을 하면서 이곳저곳을 옮겨 다니며 이동 생활을 하였다.

이동과 비슷한 말로는 이주(移住)라는 말이 있어요.

2일차 신석기 시대의 생활

01 신석기 시대에는 생활 모습이 어떻게 바뀌었을까?

지금으로부터 약 1만 년 전쯤 추운 빙하기가 끝나고 기후가 따뜻해졌어요. 지구의 환경이 오늘날과 비슷해졌지요. 기후가 바뀌면서 사슴이나 멧돼지 등 이전보다 좀 더 작고 날쌘 동물들이 많아졌고, 물고기와 조개 등도 풍부해졌어요. 이처럼 작은 짐승, 물고기 등을 잡기 위해서는 좀 더 날카롭고 정교한 도구가 필요했어요. 삶의 지혜가 많아진 사람들은 돌을 갈아서 전보다 날카롭고 단단한 날을 세운 간석기를 얻게 되었어요. 이러한 간석기를 도구로 사용한 시대를 신석기 시대라고 해요.

간석기는 뗀석기에 비해 훨씬 날카로웠을 뿐만 아니라 날이 무뎌지면 갈아서 다시 사용할 수도 있었어요. 간석기는 쓰임새에 따라 농사용, 사냥용, 고기잡이용 등으로 나눌 수 있었어요.

이러한 신석기 시대의 가장 큰 변화는 한곳에 정착하여 생활하며, 농사를 짓기 시작했다는 점이에요. 아울러 사냥과 고기잡이 기술도 크게 발전하였지요. 사람들은 강가나 바닷가에 움집을 짓고 작은 마을을 이루어 살았어요.

신석기 시대 사람들이 물가에 터를 잡은 까닭은 농사에 물이 필요했기 때문이에요. 여기에 물고기를 잡을 수 있었던 점도 영향을 미쳤어요. 사실 한반도에서 신석기 시대 사람들은 고기잡이를 먼저 시작하였고, 농사는 나중에 지었어요. 낚시를 하거나 작살과 그물 등을 이용하여 물고기를 잡았답니다. 그리고 돌괭이와 돌보습 등으로 땅을 일구며 농사를 지었어요. 곡물로는 조, 피 등을 재배하였어요. 곡식이 익으면 돌낫 등을 이용하여 거두어들였고, 곡식은 갈판에 올려 갈돌로 밀어서 껍질을 벗기거나 가루로 만들었지요. 그 가루를 토기에 담아 끓여서 죽을 만들어 먹었어요.

낱말 사전

빙하기
지구가 추워져 중위도 지역까지 빙하가 존재하였던 시기

돌괭이
땅을 파거나 잡초를 뽑는 데 사용하는 농사 도구

돌보습
땅을 갈아 흙덩이를 일으키는 데 사용하는 농사 도구

▲ 그물에 사용된 돌그물추 모습

▲ 갈돌과 갈판(강원 양양)

1 신석기 시대에 대한 설명으로 맞으면 ○표, 틀리면 ×표 하세요.

(1) 간석기의 날이 무뎌지면 다시 갈아서 사용하였다.　（　　　　）

(2) 사람들은 땅을 일구어 농사를 지었다.　（　　　　）

2 신석기 시대의 생활상에 맞는 도구를 〈보기〉에서 골라 기호를 쓰세요.

보기

ⓐ 뼈로 만든 작살

ⓑ 돌보습

ⓒ 갈돌과 갈판

물고기를 잡는 데 사용

(1) （　　　　　）

곡식을 가루로 만드는 데 사용

(2) （　　　　　）

땅을 일구며 농사짓는 데 사용

(3) （　　　　　）

어휘 더하기

정착

정하다[定] + 붙다[着]

일정한 곳에 자리 잡아 머물러 삶

예 고향을 떠나 서울에 정착하여 살다.

반대말로 떠돈다는 의미의 방랑이라는 말이 있어요.
구석기 시대의 '이동 생활'에 비교하여 신석기 시대에서는
일반적으로 '정착 생활'이라는 말을 사용해요.

02 신석기 시대 사람들은 어떻게 살았을까?

신석기 시대 사람들은 대부분 움집에 살았어요. 움집은 땅을 약 50~100센티미터 깊이 정도 파서 나무로 기둥을 세우고 풀로 지붕을 덮어 만든 집이에요. 움집에 살면서 신석기 시대 사람들은 여름철의 습기와 더위를 피하고 겨울철의 추위를 견딜 수 있었지요. 집 가운데에는 화덕을 두어서 불을 피우고 음식을 만들기도 하였어요. 이 시대의 대표적인 유적인 서울 암사동 유적을 보면 움집의 바닥이 둥글거나 네모난 모양임을 알 수 있어요. 그 크기로 보아 한 집에 보통 4~5명이 살았을 것 같아요.

신석기 시대 사람들은 한곳에 머물러 농사를 지었지만 식량이 부족하여 사냥을 통해 보충하였어요. 그러다가 사냥하여 잡은 짐승을 곧바로 잡아먹지 않고 가두어 기르면서 목축을 시작하였지요. 사람들은 소나 양, 염소 등의 가축을 길러 고기와 가죽을 얻었어요.

당시 생활 도구로는 토기를 사용하였어요. 사람들은 흙으로 그릇을 빚어 불에 구우면 더 단단해진다는 것을 알게 되었어요. 이렇게 만든 토기에 곡식 낟알, 조개 등 거칠고 단단한 음식 재료를 넣어 삶아 먹었고, 남은 음식을 담아 보관하였어요. 신석기 시대의 대표적인 토기인 빗살무늬 토기는 그릇 표면의 무늬에 따라 붙여진 이름이에요. 이 토기의 바닥은 뾰족하게 생겼어요. 그릇 몸통에 구멍이 뚫린 부분이 있는 것으로 보아 끈으로 토기를 묶어 나무 기둥에 걸어 두었을지 몰라요. 혹은 구덩이에 꽂아 사용하거나 거꾸로 엎어서 구덩이를 덮을 수도 있었겠지요. 또, 신석기 시대 사람들은 가락바퀴와 뼈바늘로 옷이나 그물을 만들었어요. 가락바퀴는 실을 뽑는 데 사용한 도구를 말해요.

한편 신석기 시대 사람들은 농사를 지으면서 날씨와 계절 등에 많은 영향을 받았어요. 해와 달, 산 등에 신비한 힘이 있다고 믿었어요. 또한 사람이 죽어도 영혼은 없어지지 않는다고 생각하여 영혼과 죽은 조상을 모시기도 하였지요. 호랑이, 곰 등 신성하다고 여기는 동물을 자기 부족의 수호신으로 숭배하며 다른 집단과 구분하기도 했어요.

낱말 사전

화덕
불을 피워 놓고 쓰게 만든 것

토기
흙을 구워 만든 그릇

부족
같은 조상을 가진 집단 몇 개가 모여서 이뤄진 가까운 핏줄인 사람들의 집단

▲ 신석기 시대 사람들이 움집에서 사는 모습(상상도)

▲ 빗살무늬 토기

▲ 가락바퀴

정답과 해설 **144**쪽

1 다음 (   ) 안에 들어갈 알맞은 말을 쓰세요.

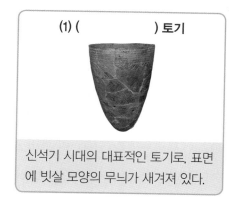

(1) (   ) 토기

신석기 시대의 대표적인 토기로, 표면에 빗살 모양의 무늬가 새겨져 있다.

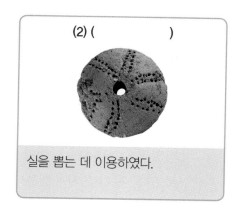

(2) (   )

실을 뽑는 데 이용하였다.

2 다음 내용의 □ 안에 들어갈 알맞은 말을 쓰세요.

(1) 신석기 시대 사람들이 살던 □□은 바닥의 모양이 둥글거나 네모난 형태였다.

(2) 신석기 시대에는 가축을 기르는 □□을 시작하였다.

3 신석기 시대의 생활 모습이 <u>아닌</u> 그림의 기호를 골라 쓰세요.　(   )

ㄱ

동굴에서 살다.

ㄴ

땅을 일구어 농사를 짓다.

ㄷ

빗살무늬 토기를 만들다.

ㄹ

가락바퀴로 실을 뽑아내다.

어휘 더하기

목축
기르다[牧] + 짐승, 가축[畜]

소, 말, 돼지 등의 가축을 많이 기르는 일

예 이 지역에는 목축이 발달하였으며 양털과 가죽이 많이 생산된다.

비슷한 말로는 목양(牧養)이라는 말이 있어요.
'양(養)'이라는 글자도 '기르다'라는 뜻을 지녔어요.

3일차 청동기 시대의 변화

01 청동기가 사용되면서 사회는 어떻게 변화했을까?

농경이 더욱 발달하면서 사람들이 생산한 곡식의 양이 늘었어요. 그리고 재산을 많이 가진 사람과 가지지 못한 사람의 차이가 생기면서 지배하는 사람과 지배받는 사람으로 나뉘었어요. 집단 간에도 경제적 차이가 나타났고, 토지나 식량을 둘러싼 전쟁이 발생하기도 하였어요. 이처럼 전쟁이 일어났을 때 상대를 누르기 위한 무기가 필요했어요. 대부분 돌로 만든 무기를 사용했는데, 새로이 등장한 청동 무기는 훨씬 날카롭고 단단했어요.

이러한 청동기는 어떻게 만들었을까요? 청동은 구리에 주석이나 아연을 섞어 만든 금속이에요. 원료를 구하기 어렵고 만드는 방법도 까다로워 청동 제품은 매우 귀했답니다. 당연히 아무나 쉽게 가질 수 없었지요. 지배자들은 귀한 청동으로 검, 거울, 방울 등을 만들어서 자신의 권위를 드러냈어요. 이처럼 청동기를 사용한 시대를 청동기 시대라고 해요.

만주와 한반도 일대에서 청동기가 사용되기 시작한 시기는 지금으로부터 약 4000년 전부터예요. 청동기 시대에는 부유하고 힘 있는 사람이 집단의 우두머리인 군장이 되었어요. 군장은 태양처럼 빛나는 청동 거울을 목에 걸고, 청동 방울을 흔들며 하늘에 제사를 지냈어요. 이로써 자신이 하늘의 뜻을 전해 주는 존재라는 걸 크게 나타내 보였어요. 청동기 시대는 이러한 군장을 중심으로 움직이는 사회였어요.

낱말 사전

지배
어떤 사람이나 집단, 조직, 사물 등을 자기 의사대로 복종하게 하여 다스림

금속
특유의 빛이 있으며 열과 전기를 잘 전달하는 고체

군장의 권위를 나타내고 동시에 제사 도구로도 쓰인 청동기

▲ 팔주령

▲ 청동 방울

▲ 거친무늬 거울

🌲 스토리 씽킹

1 서로 관련 있는 것을 바르게 연결하세요.

(1)　 군장 　●

(2)　 청동 방울 　●

● ㉠ 지배자의 권위를 나타내던 도구

● ㉡ 청동기 시대의 지배자를 나타내는 단어

2 청동기 시대에 대한 설명으로 맞으면 ○표, 틀리면 ×표 하세요.

(1) 지배하는 사람과 지배받는 사람이 나뉘었다. 　　　　　(　　　)

(2) 청동 제품은 처음 나왔을 때 흔하여 누구나 쉽게 가질 수 있었다. 　(　　　)

3 다음 청동기 시대를 나타내는 그림과 설명에서 (　　) 안에 들어갈 알맞은 말을 쓰세요.

(1) 금속을 사용한 사회
구리 ➕ 주석 ➡ 🗡
구리와 주석을 섞어 불에 녹인 금속인 (　　　)을 사용하여 도구를 만들었다.

(2) 지배자가 등장한 사회
부족을 다스리는 우두머리인 (　　　)을 중심으로 움직이는 사회였다.

어휘 더하기

군장
임금, 우두머리[君] + 어른[長]

○─○ 부족 사회의 우두머리를 가리키는 말

예 군장이 자신의 부족을 지배하였다.

> 군장은 국가의 우두머리라는 뜻도 있어
> '군주(君主)'와 같은 의미로 쓰이기도 해요.

02 고인돌을 만든 사람들은 누구일까?

청동기 시대의 지배자인 군장이 죽으면 어떤 무덤에 묻었을까요? 또한 당시 무덤은 어떤 모습이고, 무덤을 통해 알 수 있는 사회 모습은 무엇일까요? 당시 대표적인 무덤 형태는 고인돌이었어요. 고인돌은 여러 개의 받침돌 위에 덮개돌을 올려서 만든 것이지요. 전 세계에는 수많은 고인돌이 있는데, 그중 약 40%가 한반도에 있어요. 전북 고창과 전남 화순에는 수백 기의 고인돌이 모여 있고, 인천 강화도에는 거대한 고인돌이 있답니다. 모두 보존 상태가 좋고 형태가 다양하여 현재 유네스코 세계 문화유산에 올라 있어요.

한반도의 고인돌은 탁자식 고인돌, 바둑판식 고인돌 이렇게 두 가지 형태로 구분되어요. 탁자식 고인돌은 주로 한강 이북에 있는데, 큰 돌을 바닥에 세워 받침돌로 삼고, 그 위에 넓적한 덮개돌을 올린 것이에요. 무덤방은 땅 위에 만들었지요. 다른 사람들이 올려다볼 수 있는 언덕에 홀로 세워졌어요. 한강 이남 지역에는 바둑판식 고인돌이 많아요. 이것은 짧고 굵은 받침돌이 두꺼운 덮개돌을 받친 모양이지요. 무덤방은 탁자식과 달리 땅속에 있어요.

이렇게 큰 고인돌을 만들려면 온 마을 사람들이 동원되었지요. 사람들은 산에서 돌을 캐다가 무덤을 지을 장소로 옮겼어요. 인천 강화도에 있는 고인돌 중 하나는 덮개돌 무게만 80톤이 넘는데, 이는 수백 명이 힘을 합쳐야 만들 수 있는 규모예요. 이처럼 거대한 고인돌은 당시에 권력이 센 지배자가 있었다는 사실을 보여 준답니다. 이들은 죽어서도 자신의 권위를 나타내고 싶었던 것이죠. 그리고 고인돌 안에는 시신과 함께 각종 청동기를 껴묻거리로 넣었답니다.

낱말 사전

덮개돌
고인돌에서 굄돌이나 받침돌 위에 올려진 큰 돌

기
무덤, 비석, 탑 등을 세는 단위

문화유산
앞 세대가 물려준 사물이나 문화

동원
어떤 목적을 이루고자 사람이나 물건 등을 모음

시신
죽은 몸, 시체

▲ 탁자식 고인돌(인천 강화)

▲ 바둑판식 고인돌

1 고인돌에 대한 설명으로 맞으면 ○표, 틀리면 ×표 하세요.

(1) 구석기 시대에 만들어졌다.　　　　　　　　　　　　　　(　　　　)

(2) 우리나라의 고인돌은 유네스코 세계 문화유산에 올라 있다.　(　　　　)

2 다음 내용의 □ 안에 들어갈 알맞은 말을 쓰세요.

(1) 한강 이북 지역에 있는 고인돌은 □□ 모양으로 세워졌다.

(2) 바둑판식 고인돌은 무덤방이 □□에 만들어졌다.

(3) 고인돌은 지배자인 □□의 무덤으로 볼 수 있다.

3 다음은 고인돌을 만드는 모습입니다. 순서대로 기호를 나열해 보세요.　(　　　　　　　　　　　　　　)

㉠ 받침돌 세우기

㉡ 무덤방에 시신 모시기

㉢ 덮개돌 올리기

㉣ 바윗돌 쪼개기

㉤ 바윗돌 옮기기

어휘 더하기

껴묻거리(부장품)

곁따르다[副] + 장사지내다[葬] + 물건[品]

▲ 간돌검

▲ 돌화살촉

무덤 안에 시체와 함께 묻는 물건을 통틀어 이르는 말

예 무덤에서 *껴묻거리(부장품)*가 나왔다.

> 교과서에서는 껴묻거리라는 말을 쓰지만 일반 책에서는
> '부장품'이라는 단어도 자주 쓰이고 있어요.

4일차 고조선의 등장

01 우리 역사상 최초의 국가 고조선은 어떻게 등장하였을까?

고조선은 청동기 문화를 바탕으로 우리 역사상 처음 등장한 나라예요. 고조선의 건국 이야기로는 단군왕검 이야기를 들 수 있어요. 『삼국유사』에 실린 내용은 다음과 같아요.

> 하늘의 신 환인의 아들 환웅이 바람, 구름, 비를 다스리는 신하를 거느리고 태백산으로 내려와 세상을 다스렸다. 이때 곰과 호랑이가 환웅에게 사람이 되게 해 달라고 빌었다. 환웅은 쑥과 마늘을 먹고 100일 동안 햇빛을 보지 말라고 했다. 결국 잘 견딘 곰이 21일 만에 여자가 되었고, 환웅과 혼인하여 아이를 낳았는데 그가 곧 단군왕검이고, (고)조선이라는 나라를 세웠다.

이를 통해 우리가 알 수 있는 내용은 무엇일까요? 우선 단군왕검이라는 말은 제사장을 뜻하는 '단군'과 정치적 지배자를 뜻하는 '왕검'이 합쳐진 단어예요. 당시 지배자가 제사장과 정치 지배자를 겸하는 우두머리임을 보여 주는 거죠. 또한 환웅이 바람, 구름, 비를 다스리는 신하를 거느리고 내려온 것을 보면 당시 사회가 농업을 중요하게 생각하였다는 사실을 알 수 있어요.

이후 많은 사람들이 중국 지역에서의 혼란을 피해 고조선으로 들어오면서 고조선에서는 철기 문화가 점차 확산되었어요. 그 사람들 중에는 위만이 있었는데, 그는 세력을 키워 고조선의 왕(준왕)을 내몰고 자신이 왕이 되었어요. 위만의 고조선은 철기 문화가 더욱 발전하였고, 한반도 남쪽의 여러 나라들과 중국의 한 사이에서 중계 무역을 하였어요.

더욱 성장한 고조선은 중국의 한과 맞서게 되었어요. 고조선이 강해지자 이를 누르고자 한이 침략하였어요. 고조선은 한에 맞서 약 1년에 걸쳐 싸웠지만, 결국 수도인 왕검성이 무너지면서 기원전 108년에 멸망하고 말았어요.

낱말 사전

확산
흩어져 널리 퍼짐

중계 무역
다른 나라로부터 사들인 물건을 다시 제3국으로 수출하는 무역

▲ 고조선과 한의 전쟁

1 고조선에 대한 설명으로 맞으면 ○표, 틀리면 ×표 하세요.

(1) 위만이 세운 나라이다. ( )

(2) 청동기 문화를 바탕으로 등장하였다. ( )

(3) 고조선에서는 철기 문화가 발달하였다. ( )

2 단군왕검 이야기의 장면을 보고 ( ) 안에 들어갈 내용을 〈보기〉에서 골라 기호를 쓰세요.

> **보기**
> ㉠ 바람, 구름, 비   ㉡ 단군왕검   ㉢ 환웅

(1)

하늘에서 ( )을/를 다스리는 신하를 거느리고 내려온 것을 보면 당시 사회가 농업을 중시했다고 볼 수 있다.

(2)

( )이 곰에서 변한 여인과 혼인하여 아이를 낳았다고 한 점을 보면 원래 있던 세력과 새로 들어온 세력이 결합하였음을 알 수 있다.

(3)

지배자를 ( )(이)라고 부른 것을 보면 당시 지배자가 제사와 정치를 모두 맡고 있는 사회라는 점을 알 수 있다.

어휘 더하기

고조선
옛[古] + 아침[朝] + 곱다, 깨끗하다[鮮]

'옛 조선'이라는 의미로 단군왕검이 세운 조선을 가리키다가 이성계가 세운 조선과 구분하는 뜻으로 쓰이게 됨

예 단군왕검이 고조선을 세웠다.

> 조선(朝鮮)은 나라 이름으로 '깨끗하고 신선한 아침을 맞는 곳' 혹은 '아침 햇빛이 비치는 곳'이라는 의미일 것이라는 주장도 있어요.

02 고조선 사람들은 어떻게 생활하였을까?

고조선 사람들의 생활을 짐작할 수 있는 법이 있어요. 고조선은 사회 질서를 유지하기 위해 8조법을 마련하였는데, 오늘날에는 그중 세 가지 조항만 전하고 있어요.

> 첫째, 사람을 죽인 사람은 사형에 처한다.
> 둘째, 남에게 상해를 입힌 사람은 곡식으로 갚는다.
> 셋째, 남의 물건을 훔친 사람은 데려다 노비로 삼으며, 죄를 면하려면 50만 전을 내야 한다.

우리는 이 법을 통해 고조선 사람들이 큰 죄를 엄격하게 다스리고 생명을 존중하였음을 알 수 있어요. 또한 개인의 재산을 인정하고 계급이 구분되었던 사회였다는 사실을 알 수 있어요. 아마 이 법은 재산이 많은 지배층에 보다 유리하게 작용하였을 거예요. 고조선이 멸망한 후에는 한의 간섭을 받게 되어 법 조항이 60여 개로 늘어났어요.

고조선에서 청동기 문화는 어떻게 발전하였을까요? 대표적인 청동기로 비파형 동검이 있어요. 이는 생김새에 따라 붙여진 이름이에요. 몸체와 손잡이가 붙어 있는 중국식 동검과 달리 손잡이를 따로 만들어 몸체에 끼워 사용했지요. 비파형 동검을 비롯한 탁자식 고인돌, 미송리식 토기가 출토된 지역을 살펴보면 고조선의 문화 범위를 짐작할 수 있어요. 이후 동검은 세형 동검으로 바뀌어 철기 시대까지 청천강 아래 지역에서 사용되었어요.

한편 고조선이 멸망하면서 그 유민들이 각지로 흩어지게 되었어요. 그러면서 철기 문화도 더욱 퍼지게 되었어요. 그 결과 만주와 한반도에는 여러 나라들이 등장하였어요. 만주에서는 부여와 고구려가 생겨났고, 한반도에서는 북부 지역에 옥저와 동예, 그 아래 지역에서는 마한, 진한, 변한 등의 나라가 세워졌어요.

낱말 사전

계급
사회에서 신분, 재산 등이 비슷한 사람들로 형성된 집단, 혹은 그렇게 나눈 지위

유민
망하여 없어진 나라의 백성

▲ 비파형 동검(좌), 중국식 동검(우)

▲ 미송리식 토기

▲ 여러 나라의 등장

1 고조선에 대한 설명으로 맞으면 ○표, 틀리면 ×표 하세요.

(1) 사회 질서를 유지하기 위해 60여 조항의 법률을 만들었다.　(　　　)

(2) 고조선 사회에는 아직 계급이 형성되지 못하였다.　　　　　(　　　)

2 지도는 고조선의 문화가 분포한 범위를 나타낸 것입니다. 표시된 지역의 바탕이 된 유물의 기호를 두 개 쓰세요.

(　　　　　　　)

ㄱ
▲ 비파형 동검

ㄴ
▲ 주먹도끼

ㄷ
▲ 탁자식 고인돌

3 다음 자료를 보고 □ 안에 들어갈 알맞은 말을 쓰세요.

(1)
사람을 죽인 사람은 사형에 처한다.

➡ 큰 죄를 □□하게 다스렸다.

(2)
남에게 상해를 입힌 사람은 곡식으로 갚는다.

➡ 개인의 □□을 인정하였다.

(3)
남의 물건을 훔친 사람은 데려다 노비로 삼으며, 죄를 면하려면 50만 전을 내야 한다.

➡ □□이 구분되었다.

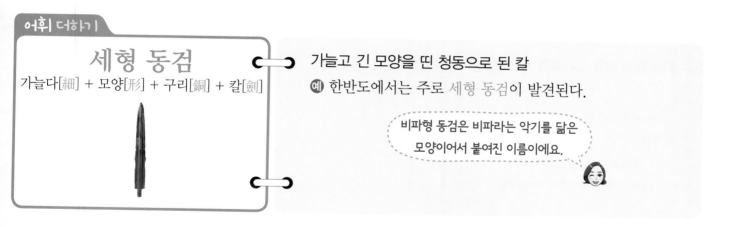

어휘 더하기

세형 동검

가늘다[細] + 모양[形] + 구리[銅] + 칼[劍]

가늘고 긴 모양을 띤 청동으로 된 칼

예 한반도에서는 주로 세형 동검이 발견된다.

비파형 동검은 비파라는 악기를 닮은 모양이어서 붙여진 이름이에요.

5일차 | 실전 문제

1 다음 도구가 주로 쓰인 시대에 대한 학생의 발표 내용으로 옳은 것은 무엇인가요? (　　)

○○○ 시대 도구

▲ 주먹도끼　　▲ 찍개

① 움집에서 살았어요.
② 이동 생활을 하였어요.
③ 빗살무늬 토기를 사용하였어요.
④ 철제 농기구로 농사를 지었어요.
⑤ 군장이 다스리는 나라를 세웠어요.

2-3 다음은 어느 시대에 흔히 볼 수 있는 생활 모습을 그린 것입니다. 그림을 보고 물음에 답하세요.

2 이 시대의 명칭을 쓰세요. (　　　　)

3 이 시대의 생활 모습으로 옳은 것은 무엇인가요? (　　)

① 돌괭이로 땅 일구기
② 청동으로 무기 제작하기
③ 수확한 곡식을 저장하기
④ 돌을 깨서 뗀석기 만들기
⑤ 군장의 무덤으로 고인돌 만들기

4 (가)에 들어갈 사진으로 옳은 것은 무엇인가요? (　　)

도전! 신석기 시대 유물 찾기

박물관의 전시관을 돌아다니면서 신석기 시대의 유물 사진 스티커를 찾아 빈칸에 붙여 보세요.

(가)

① 　②

③ 　④

⑤

5 다음은 어느 유물과 그 사용 방법을 나타낸 그림입니다. 이에 대한 학생의 발표 내용으로 적절한 것은 무엇인가요? (　　)

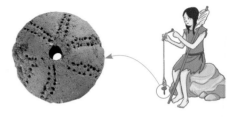

① 곡식을 가는 모습이에요.
② 사냥하는 데 활용되었어요.
③ 실을 뽑는 데 사용되었어요.
④ 뗀석기의 쓰임새를 보여 주어요.
⑤ 구석기 시대에 주로 만들어졌어요.

6 다음은 신석기 시대에 살던 장소입니다. 빈칸 ㉠~㉢에 들어갈 알맞은 말을 쓰세요.

> 신석기 시대 사람들은 ㉠ 을 짓고 살았습니다. 한곳에 머물러 ㉡ 를 지었고, 가축을 기르는 ㉢ 을 시작하였습니다.

㉠ (   )
㉡ (   )
㉢ (   )

7 (가)에 들어갈 말로 옳은 것은 무엇인가요? (   )

갈돌과 [(가)]

① 갈판
② 찍개
③ 돌괭이
④ 가락바퀴
⑤ 낚시 도구

8 다음은 청동기 시대의 유물입니다. 이 유물의 기능으로 옳은 것은 무엇인가요? (   )

▲ 거친무늬 거울   ▲ 청동 방울

① 사냥의 도구
② 그물의 제작
③ 농기구의 활용
④ 지배자의 권위 표시
⑤ 곡식의 저장과 조리

9-10 다음은 어느 시대의 무덤을 만드는 장면입니다. 그림을 보고 물음에 답하세요.

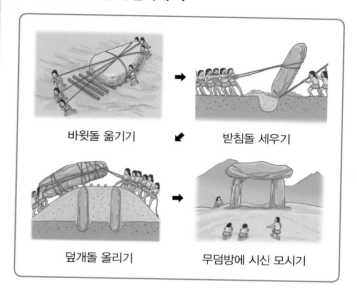

바윗돌 옮기기   받침돌 세우기
덮개돌 올리기   무덤방에 시신 모시기

9 위 무덤의 명칭을 쓰세요. (   )

10 위 무덤에 대한 설명으로 옳은 것은 무엇인가요?
(   )

① 움집이라고 불렸다.
② 지배자의 무덤이었다.
③ 신석기 시대에 만들어졌다.
④ 외적의 침입을 막는 장치였다.
⑤ 내부 가운데에 화덕을 두었다.

11 우리 역사 속에서 최초로 등장한 국가의 이름을 쓰세요.

(   )

12 (가)에 들어갈 내용으로 옳은 것은 무엇인가요?
( )

> 고조선은 (가) 문화를 바탕으로 세워졌습니다.

① 구석기 ② 신석기
③ 청동기 ④ 철기
⑤ 세형 동검

13-14 다음은 고조선에 있던 법 조항의 일부입니다. 이를 보고 물음에 답하세요.

- 사람을 죽인 사람은 사형에 처한다.
- 남에게 상해를 입힌 사람은 곡식으로 갚는다.
- 남의 물건을 훔친 사람은 데려다 노비로 삼으며, 죄를 면하려면 50만 전을 내야 한다.

13 위 내용이 담긴 법을 무엇이라고 부르는지 쓰세요.
( )

14 위 자료의 법 조항을 통해 알 수 있는 사실로 옳지 <u>않은</u> 것은 무엇인가요? ( )

① 노비가 있었다.
② 이동 생활을 하였다.
③ 계급이 구분된 사회였다.
④ 사람의 생명을 중시하였다.
⑤ 개인의 재산을 인정하였다.

15 다음은 고조선의 건국 이야기에 대한 설명입니다. 빈칸 ㉠~㉢에 들어갈 알맞은 말을 쓰세요.

> 고조선을 세운 ㉠□□□에 관한 이야기입니다. ㉡□□은 하늘에 제사를 지내는 제사장, ㉢□□은 정치를 주관하는 정치 지배자를 뜻하는 말입니다. 따라서 ㉠□□□□은 제사장인 동시에 정치 지배자였다는 사실을 의미합니다.

㉠ ( )
㉡ ( )
㉢ ( )

16 다음 지도는 철기 문화를 바탕으로 등장한 국가를 보여 줍니다. (가)~(마) 중 부여의 위치는 어디인가요?
( )

① (가) ② (나)
③ (다) ④ (라)
⑤ (마)

1 다음 문장의 밑줄 친 단어와 바꾸어 쓸 수 있는 낱말을 〈보기〉에서 찾아 쓰세요.

> **보기**
>
> 토착   침략   자연   이동   극복

(1) 떠돌던 백성이 이 마을에 들어와 살면서 정착민이 되었다.   (   )

(2) 한이 고조선을 공격하였다.   (   )

2 빈칸 ㉠, ㉡에 들어갈 알맞은 낱말을 바르게 나열한 것은 무엇인가요? (   )

> 신석기 시대 사람들은 먹을거리를 구하기 쉬운 강가나 해안가에 움집을 짓고 농사를 지으며 ㉠ 생활을 하기 시작하였어.

> 농사가 더욱 발달하면서 농업 생산량이 크게 늘었고, 먹을거리가 남게 되었어. 그러자 사람들은 서로 차지하려고 싸움을 벌였어.

> 맞아. ㉡ 시대에 이르러 계급과 국가가 나타나게 되었지.

	㉠	㉡		㉠	㉡
①	이동	신석기	②	채집	신석기
③	이동	뗀석기	④	정착	청동기
⑤	정착	뗀석기			

3 빈칸 ㉠~㉢에 들어갈 알맞은 낱말을 〈보기〉에서 찾아 쓰세요.

> **보기**
>
> 고조선   고구려   뗀석기   탁자식 고인돌   비파형 동검

> 선생님, 우리 역사상 최초의 국가인 ㉠ 에 대한 기록이 별로 없다는데, 존재하였다는 사실을 어떻게 알죠?

> 유물과 유적을 통해 고조선의 문화 범위를 짐작해 볼 수 있다는데….

> 맞아요. 고조선의 문화 범위를 짐작해 볼 수 있는 유물로는 미송리식 토기를 비롯해 무덤인 ㉡ 와/과 청동기인 ㉢ 이/가 있어요.

㉠ (   )   ㉡ (   )   ㉢ (   )

Ⅱ

삼국 시대와 남북국 시대

"삼국이 발전하며 나타난 모습은 무엇일까요? 삼국 통일은 우리에게 어떤 의미가 있을까요?"

고구려, 백제, 신라는 주변을 정복하고 왕권을 키우면서 중앙 집권 국가로 발전하였어요. 삼국은 한강 유역을 차지하기 위해 경쟁하였고, 때로 다투거나 혹은 서로 도와주면서 성장하였어요. 여기에 가야도 참여하였구요. 이후 신라가 삼국을 통일하여 우수한 문화를 꽃피웠어요. 한편 북쪽에서는 고구려의 뒤를 이어 발해가 등장하였어요. 발해는 주변 민족과 교류하며 나름의 독특한 문화를 만들어 갔지요. 이렇게 해서 남쪽에는 신라가, 북쪽에는 발해가 맞대고 있는 남북국 시대가 이루어졌어요.

Ⅱ 삼국 시대와 남북국 시대

삼국과 가야가 성장하면서 이루어 낸
국가의 모습을 살펴볼까요?

삼국 시대

기원전 57	기원전 37	기원전 18	42	427	562
신라 건국	고구려 건국	백제 건국	금관가야 건국	고구려, 평양 천도	신라, 대가야 정복

▲ 신라를 건국한
박혁거세

▲ 고구려를 건국한
주몽

▲ 금관가야를 건국한
김수로왕

우리나라 역사에서 남북국
사용된 이유를 함께 알아볼

남북국 시대

676	682	698
신라, 삼국 통일	통일 신라, 국학 설립	발해 건국

▲ 나당 전쟁의 전개

내가
발해의 왕이다!

발해 만세

대조영
만세

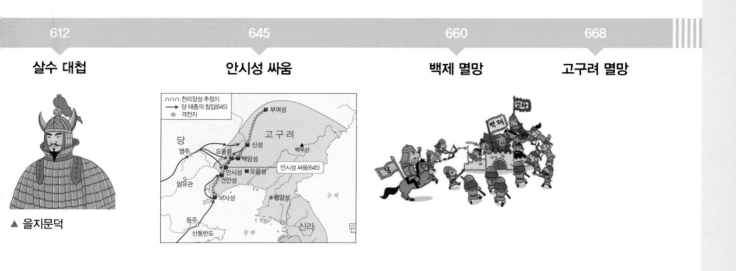

612	645	660	668
살수 대첩	안시성 싸움	백제 멸망	고구려 멸망

▲ 을지문덕

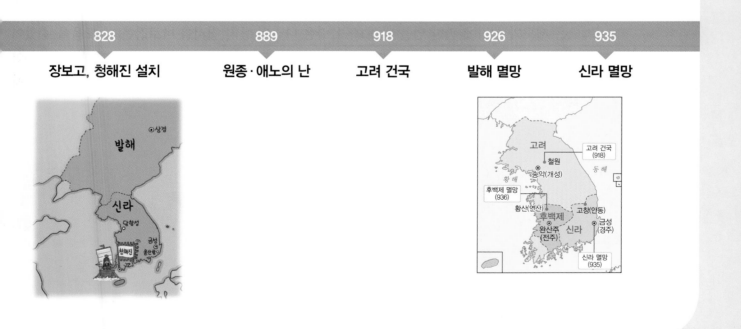

828	889	918	926	935
장보고, 청해진 설치	원종·애노의 난	고려 건국	발해 멸망	신라 멸망

6일차 고구려의 성장과 발전

01 주몽이 세운 고구려는 어떻게 성장하였을까?

고구려를 세운 사람은 주몽이라고 해요. 주몽은 하늘 신의 아들인 해모수와 물의 신(하백)의 딸 유화 사이에서 태어났어요. 허락받지 못한 사랑으로 집에서 쫓겨난 유화부인은 부여의 금와왕을 우연히 만나 보호를 받았어요. 금와왕의 궁궐에서 지내던 유화부인은 커다란 알을 낳았고, 그 알에서 태어난 사람이 주몽이에요. 알에서 태어난 주몽은 활을 쏘는 실력이 뛰어나고 재주가 많아 부여의 왕자들로부터 미움을 받았어요. 결국 주몽은 부여를 떠나 졸본에 도읍을 정하고 새로운 나라를 세웠으니, 그 나라가 고구려였어요.

첫 도읍인 졸본은 사람들이 농사짓고 살기에 편한 곳이었을까요? 그렇지 않았어요. 산이 많아 적을 막기에는 유리했지만 농사짓기에는 불편했어요.

그래서 다음 왕은 압록강 주변의 국내성으로 도읍을 옮겼어요. 그 이후 태조왕 때는 동해안으로 나아가 옥저를 정복하였고, 북으로는 요동 지방으로도 뻗어갔지요. 하지만 고구려가 성장하기만 한 것은 아니었어요. 중국의 어느 나라가 쳐들어와 수도가 함락되거나, 백제의 공격으로 왕이 죽는 일까지 있었어요.

이러한 상황에서 즉위한 소수림왕은 위기 극복을 위해 중국에서 불교를 받아들였어요. 종교의 힘으로 나라의 사상을 하나로 만들고 왕실의 권위를 높이고자 하였답니다. 이때 태학도 세워졌어요. 태학은 유교 이념을 바탕으로 국가에 필요한 인재를 키우는 게 목표였어요. 또한 법률을 정리하여 율령을 반포했어요. '율'은 각종 범죄와 처벌 규정을 정한 법이고, '령'은 제도와 행정에 관한 법을 말해요. 율령은 나라의 통치 질서를 바로잡는 데 도움을 주었어요. 이러한 노력을 통해 고구려는 왕을 중심으로 중앙 집권 체제를 더욱 강하게 세울 수 있었어요.

낱말 사전

도읍
한 나라의 수도

태학
고구려 때 세운 국립 교육 기관

반포
세상에 널리 퍼뜨려 모두 알게 함, '선포'라고도 함

중앙 집권
중앙 정부가 정치권력을 모아 쥐고 있는 통치 방식

주몽 특별 우표 ▶

우리나라 우정 사업 본부가 2010년 9월 14일부터 판매한 주몽 특별 우표이다. 이 우표는 각각 유화부인과 금와왕이 만나는 장면, 주몽의 탄생 장면, 주몽이 부여를 도망치는 장면, 주몽이 고구려를 건국하는 장면을 담고 있다.

1 다음 ( ) 안의 단어 중 옳은 것을 골라 ○표 하세요.

(1) 하늘 신의 아들인 해모수와 하백의 딸 유화 사이에서 태어난 아이가 (금와, 주몽)이다.

(2) 고구려의 첫 번째 도읍지는 (졸본, 국내성)이었다.

2 고구려에 대한 설명으로 맞으면 ○표, 틀리면 ×표 하세요.

(1) 졸본 지역은 적을 막기에 유리하였으나 농사짓기에 불편하였다. ( )

(2) 소수림왕은 국내성으로 도읍을 옮겼다. ( )

(3) 불교를 받아들여 나라의 사상을 통합하려고 하였다. ( )

3 다음은 소수림왕의 업적을 정리한 내용입니다. ( ) 안에 들어갈 알맞은 말을 쓰세요.

(1) 종교	(2) 학문	(3) 법

중국으로부터 ( )를 고구려로 들여왔어요.	인재를 기르기 위해 ( )을 마련하였어요.	나라의 통치 질서를 바로 잡기 위해 ( )을 반포하였어요.

어휘 더하기

율령
법령[律] + 법령, 규칙[令]

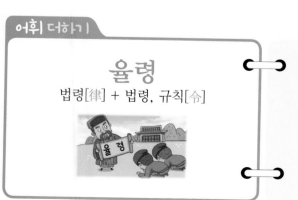

형률과 법령. 곧, 법률을 가리키는 말로 범죄를 처벌하는 형률과 제도·행정을 담은 법령을 아울러 이름

예 삼국은 제도를 정비하면서 율령을 반포하였다.

형률(刑律)은 범죄와 형벌을 다룬 법률이라는 말이니, 곧 '형법'을 말해요.

02 광개토 대왕과 장수왕은 어떤 업적을 남겼을까?

소수림왕 때 고구려는 국내의 정치적 상황이 안정을 찾았어요. 이를 바탕으로 등장한 왕이 바로 광개토 대왕이었어요. 그는 고구려의 전성기를 연 왕으로, 우리가 잘 알고 있는 광개토 대왕이란 명칭에는 영토를 크게 넓혔다는 뜻이 들어가 있어요.

광개토 대왕은 북으로는 거란 등 여러 나라를 공격하여 북쪽 지역을 안정시켰어요. 남으로는 백제를 공격하여 한강 이북의 땅까지 차지하였지요. 한편 신라가 왜군의 공격을 받자 고구려에 도움을 요청하였어요. 광개토 대왕은 이를 받아들여 5만 명의 군사를 보내 왜군을 물리치고 낙동강 하류까지 나아갔어요. 이로써 신라에 정치적인 영향력을 끼쳤으며, 낙동강 유역에 있던 금관가야는 큰 타격을 입었어요. 이러한 그의 업적은 다음 왕(장수왕)이 세운 광개토 대왕릉비에도 기록되어 있어요. 한편 광개토 대왕은 요동 지역을 확보하고 만주의 대부분을 차지하였지요. 거대한 나라를 세운 광개토 대왕은 고구려만의 연호를 사용하기도 하였어요.

광개토 대왕의 뒤를 이은 왕은 80여 년 동안이나 왕위를 지켰는데, 그가 바로 장수왕이에요. 장수왕은 먼저 수도를 국내성에서 평양성으로 옮겼어요. 국내성에 기반을 두고 있던 귀족 세력을 누르고 왕권을 높이려는 목적이 있었지요. 장수왕이 남쪽으로 진출하는 남진 정책을 펼치자 위협을 느낀 신라와 백제는 군사 동맹을 맺어 고구려에 맞서려 하였어요. 이후 장수왕은 백제를 공격하여 백제의 수도인 위례성을 점령하고 한강 유역 전체를 차지하여 한반도의 중부 지역까지 영토를 넓혔어요. 이러한 사실이 충주 고구려비에 담겨 있어요. 광개토 대왕에 이어 장수왕 때까지 이어진 전성기는 6세기 초까지 계속되었어요.

낱말 사전

왜군
당시 일본에 있던 나라인 '왜'의 군대

연호
왕이 즉위한 해나 왕이 정한 어느 한 해를 기준으로 연도를 헤아리는 칭호

세기
100년을 단위로 하여 연대를 세는 말

▲ 광개토 대왕릉비

▲ 고구려의 전성기(5세기)

▲ 충주 고구려비

1 **고구려에 대한 설명으로 맞으면 ○표, 틀리면 ×표 하세요.**

(1) 광개토 대왕이라는 명칭에는 영토를 크게 넓혔다는 뜻이 들어가 있다.　　(　　　)

(2) 한강 유역 전체를 차지하고 충주 고구려비를 세웠다.　　(　　　)

2 **다음 내용의 □ 안에 들어갈 알맞은 말을 쓰세요.**

(1) 광개토 대왕은 □□의 요청을 받아들여 군사를 보내 왜군을 물리쳤다.

(2) 장수왕은 수도를 □□성으로 옮겼다.

(3) □□왕은 백제의 수도인 □□□을 점령하고 한강 유역 전체를 차지하였다.

3 **다음 두 비석의 이름을 쓰세요.**

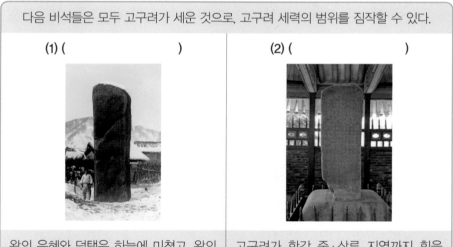

다음 비석들은 모두 고구려가 세운 것으로, 고구려 세력의 범위를 짐작할 수 있다.

(1) (　　　　　　　)

왕의 은혜와 덕택은 하늘에 미쳤고, 왕의 힘은 사방에 떨쳤다고 쓰여 있다(높이 약 6.39m).

(2) (　　　　　　　)

고구려가 한강 중·상류 지역까지 힘을 미쳤다는 점을 보여 주고 있다(높이 약 2.03m).

어휘 더하기

남진 정책
남쪽[南] + 나아가다[進] + 정사[政] + 꾀[策]

남쪽으로 나아가는 것을 정한 정책

예 장수왕은 남진 정책으로 영토를 확장해 나갔다.

장수왕의 남진 정책은 도읍을 평양성으로 이동한 것과 관련 있어요.

01 한강 유역에 세워진 백제가 지닌 이점은 무엇일까?

백제를 세운 온조는 고구려 주몽의 아들이에요. 고구려 왕자가 어떻게 백제를 세울 수 있었을까요? 어느 날 부여에서 주몽의 아들 유리가 고구려로 내려왔어요. 유리가 주몽의 뒤를 이어 다음 왕이 될 태자가 되자 고구려의 두 왕자 비류와 온조는 신하와 백성을 이끌고 고구려를 떠나 한반도 남쪽으로 이동하였어요. 비류는 지금의 인천인 미추홀에 자리 잡았고, 온조는 한강 남쪽 위례성에 도읍을 정하고 나라를 세웠어요. 후에 온조의 위례성에 비류의 백성들이 모였고, 나라 이름도 백제로 바뀌었어요.

백제는 비류, 온조 등 부여 또는 고구려 쪽에서 내려온 세력이 한강 유역에 자리 잡고 있던 원래의 세력과 연합하여 세운 나라예요. 이를 보여 주는 흔적이 있는데, 백제 초기 무덤인 서울 석촌동 고분을 보면 고구려 초기에 만들어진 돌무지무덤과 비슷해요. 사람이 죽어 치르는 장례 의식과 무덤 양식은 크게 바뀌지 않는다는 점을 생각해 보면 백제를 건국한 주도 세력이 고구려에서 내려온 집단이라는 점을 알 수 있어요.

백제가 자리 잡은 한강 유역은 일찍부터 농업과 철기 문화가 발달한 곳이었어요. 한강과 바다를 통해 중국과 오가며 교류하기에도 유리한 장소였지요. 백제는 주변의 작은 나라들을 흡수하면서 점차 세력을 키워갔어요.

▲ 서울 풍납동 토성

▲ 서울 풍납동 토성(서울 송파)

백제가 한강 유역에 수도를 두었을 때, 왕이 머물던 곳으로 여겨진다.

▲ 산성하 고구려 고분군(중국 지린성)

▲ 서울 석촌동 고분(서울 송파)

정답과 해설 **146**쪽

1 백제에 대한 설명으로 맞으면 ○표, 틀리면 ✕표 하세요.

(1) 온조가 미추홀에 도읍을 정하였다.   (   )

(2) 초기 무덤 형식은 고구려 초기의 무덤과 비슷하다.   (   )

2 다음 내용의 □ 안에 들어갈 알맞은 말을 쓰세요.

(1) 백제가 한강 유역에 도읍을 정했다는 증거는 현재 서울에 있는 ☐☐동 토성을 통해 알 수 있다.

(2) 백제를 건국한 주도 세력은 ☐☐☐에서 내려온 집단이다.

3 다음은 어느 지역을 두고 삼국이 대립하는 장면입니다. 빈칸 ㉠, ㉡에 들어갈 알맞은 말을 쓰세요.

고구려: ㉠ 유역은 이제 우리 것이야!

백제: 아니야. ㉠ 유역은 원래 우리 것이었어!

신라: 두고 보라고! 이제 ㉠ 유역은 우리 것이 될 테니까.

㉠은 우리나라 중부 지역을 흐르는 강이에요. 태백산맥에서 시작하여 황해로 흘러가지요. ㉠ 유역의 땅은 삼국 시대부터 서로 차지하려고 전쟁을 벌일 만큼 중요하게 생각되어 왔어요. 이 지역을 얻으면 바다 건너 중국과 ㉡하는 데에도 이점이 있었어요.

㉠ (   )   ㉡ (   )

어휘 더하기

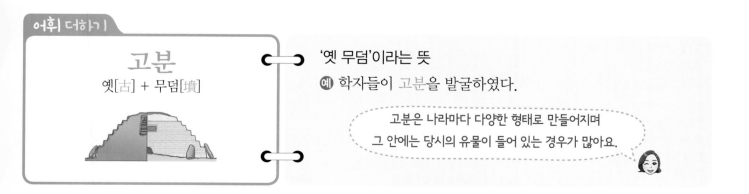

고분
옛[古] + 무덤[墳]

'옛 무덤'이라는 뜻

예 학자들이 고분을 발굴하였다.

고분은 나라마다 다양한 형태로 만들어지며 그 안에는 당시의 유물이 들어 있는 경우가 많아요.

02 근초고왕은 백제를 얼마나 성장시켰을까?

삼국 중 가장 먼저 전성기를 맞은 나라는 한강 유역에 자리 잡은 백제였어요. 4세기에 왕위에 오른 근초고왕은 강력한 군대를 이끌고 남쪽 지역으로 영토를 넓혔어요. 영토가 남해안까지 이르게 되었고, 낙동강 유역에 있는 가야에도 영향력을 끼쳤어요.

근초고왕은 평양성을 공격하여 고구려의 고국원왕을 전사시키고 황해도 일부 지역을 차지하였어요. 근초고왕은 이렇게 넓어진 영토와 바다의 교통로를 이용하여 중국 남쪽에 자리한 나라, 한반도 남부의 가야, 일본의 왜와 활발히 교류하며 한반도에서 주도권을 장악하였어요. 이러한 외교 관계를 바탕으로 고구려를 견제하기도 하였어요.

당시 백제가 왜와 교류한 사실을 보여 주는 유물로는 칠지도를 들 수 있어요. 칠지도의 겉면에 글자를 새겼는데, 귀한 물건을 보내니 잘 보관하여 후대에 전하라는 내용이 담겨 있어요. 이를 통해 두 나라 사이에 교류가 있었음을 알 수 있어요.

이렇게 전성기를 맞았던 백제는 5세기 들어 세력이 약해졌어요. 이는 고구려 장수왕이 도읍을 옮겨 남쪽으로 세력을 펼친 것과 관련되어 있어요. 당시 백제는 고구려의 침략에 대비하여 신라와 군사 동맹을 맺었어요. 하지만 막강한 고구려 군대를 막기에는 역부족이었지요. 결국 백제는 도읍인 위례성(서울)을 잃고 왕까지 죽었고, 웅진(공주)으로 도읍을 옮겼어요. 이후 귀족들의 권력 다툼으로 왕권은 더욱 약해졌답니다.

낱말 사전

전사
전장에서 싸우다 죽음

견제
한쪽이 지나치게 세력을 펴거나 자유로운 행동을 하는 것을 못하게 억누름

◀ 칠지도
일곱 개의 가지가 있는 칼이라는 뜻이다. 칼에 칠지도라는 글자가 새겨져 있다.

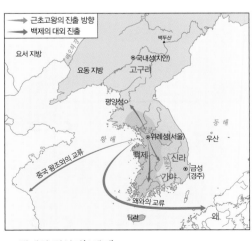

▲ 백제의 전성기(4세기)

1 **백제의 전성기에 대한 설명으로 맞으면 ○표, 틀리면 ×표 하세요.**

(1) 삼국 중 가장 먼저 전성기를 맞은 나라는 백제였다. ( )

(2) 백제의 근초고왕은 낙동강 유역의 가야 여러 나라에도 영향력을 끼쳤다. ( )

2 **다음 ( ) 안의 단어 중 옳은 것을 골라 ○표 하세요.**

(1) 근초고왕은 (고구려, 신라)를 공격하여 황해도 일부 지역을 차지하였다.

(2) 5세기에 백제는 (고구려, 신라)의 침략에 대비하여 (고구려, 신라)와 군사 동맹을 맺었다.

3 **다음은 자료를 보고 학생들이 나눈 대화입니다. 빈칸 ㉠~㉢에 들어갈 알맞은 말을 쓰세요.**

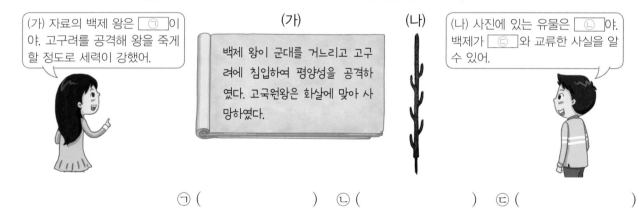

(가) 자료의 백제 왕은 ㉠ 이야. 고구려를 공격해 왕을 죽게 할 정도로 세력이 강했어.

(가)

백제 왕이 군대를 거느리고 고구려에 침입하여 평양성을 공격하였다. 고국원왕은 화살에 맞아 사망하였다.

(나)

(나) 사진에 있는 유물은 ㉡ 야. 백제가 ㉢ 와 교류한 사실을 알 수 있어.

㉠ ( ) ㉡ ( ) ㉢ ( )

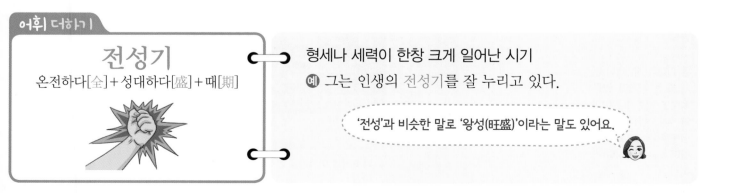

어휘 더하기

전성기
온전하다[全] + 성대하다[盛] + 때[期]

형세나 세력이 한창 크게 일어난 시기
예 그는 인생의 전성기를 잘 누리고 있다.

'전성'과 비슷한 말로 '왕성(旺盛)'이라는 말도 있어요.

8일차 신라의 성장과 발전

01 신라는 어떻게 건국되고 성장하였을까?

신라는 지금의 경주 땅에 여섯 마을이 모여 만든 사로국에서 시작하였어요. 여기에는 건국 이야기가 전해 오는데, 내용은 다음과 같아요.

> 여섯 마을의 촌장들은 나라를 다스릴 임금이 나타나길 바라고 있었다. 어느 날 촌장 중 한 사람이 나정이라는 우물가에 가 보았더니 흰말 한 마리가 엎드려 절하고 있었는데, 말이 떠난 자리에서 커다란 알이 놓여 있는 것을 보았다. 알이 깨지며 사내아이가 태어났는데, 이 아이가 바로 박혁거세이다.

촌장들은 알에서 태어난 사내아이에게 '세상을 밝게 비춘다'라는 의미로 '혁거세'라고 이름을 지어 주었고, 둥근 박과 같이 큰 알에서 나왔다 하여 '박'이라는 성을 붙였다고 해요. 사람들은 박혁거세를 '거서간'이라고 일컫는 임금으로 받들고 사로국의 첫 번째 왕으로 삼았어요. 이때가 기원전 57년이라고 『삼국사기』에 기록되어 있어요. 이는 삼국 중 가장 빠른 시기에 해당해요. 이후 박씨, 석씨, 김씨가 번갈아가며 왕위에 올랐어요.

신라는 4세기에 낙동강 동쪽에 있는 진한의 작은 나라들을 대부분 흡수해 갔어요. 4세기 후반 내물왕 때에는 김씨가 왕위를 독차지하였고, 왕의 호칭을 '마립간'으로 바꾸었어요. 이 무렵 왜가 공격해 오자 신라는 고구려의 광개토 대왕에게 도움을 청하여 왜군을 물리쳤어요. 이로 인해 고구려의 간섭을 받는답니다. 이러한 상황을 알려 주는 유물로는 신라의 무덤인 호우총에서 나온 그릇을 살펴볼 수 있어요. 5세기에는 남쪽으로 세력을 넓히는 고구려에 맞서 백제와 군사 동맹을 맺기도 하였지요.

6세기에 지증왕은 나라 이름을 '신라'로 정하고 '왕'이라는 호칭을 사용하였어요. 그리고 우산국(울릉도)을 정벌하는 등 영토를 넓혔어요.

낱말 사전

촌장
한 마을의 우두머리

『삼국사기』
고려 시대 김부식이 쓴 역사책

동맹
둘 이상의 개인이나 단체 또는 국가가 같은 목적을 이루거나 이익을 얻기 위해서 공동 행동을 취하기로 맹세하며 맺는 약속이나 조직체

▲ 박혁거세 이야기를 간직하고 있는 경주의 나정

1 신라에 대한 설명으로 맞으면 ○표, 틀리면 ×표 하세요.

(1) 신라를 건국한 인물은 박혁거세이다.   (   )

(2) 내물왕 때 박씨가 왕위를 독차지하게 되었다.   (   )

(3) 신라 지증왕 때 왕의 호칭은 마립간으로 바뀌었다. (   )

2 빈칸에 들어갈 알맞은 말을 쓰세요. (   )

이 유물은 신라의 무덤인 호우총에서 나온 청동 그릇이에요. 경주에서 출토되었는데, 광개토 대왕의 이름이 적혀 있어요. 이를 통해 신라와 [　　　]가 가까운 관계였음을 알 수 있어요.

3 다음은 고대 국가를 세운 인물과 그 공통점에 대한 설명입니다. (   ) 안에 공통으로 들어갈 알맞은 말을 쓰세요.

▲ 고구려를 건국한 주몽

▲ 신라를 세운 박혁거세

고구려, 신라를 세운 인물들은 모두 (   )에서 태어났다는 공통점이 있어요. 정말 사람이 (   )을 깨고 태어났을까요? 옛날 사람들은 (   )이 태양을 상징하고, 이를 낳는 새는 하늘의 뜻을 전한다고 믿었어요. 따라서 이야기를 통해 나라를 세운 인물들이 하늘에서 내려온 사람임을 강조하려는 것이겠지요.

어휘 더하기

신라
새롭다[新] + 펼치다, 그물[羅]

나라 이름 '신라'에서 '신(新)'은 덕업이 나날이 새로워진다는 뜻이고, '라(羅)'는 사방을 모두 덮는다는 뜻임

예 지증왕이 신라라는 이름을 국가 명칭으로 정하였다.

'신라'의 의미는 김부식이 쓴 『삼국사기』에 나와 있어요.

02 진흥왕이 비석을 세운 까닭은?

삼국 중 가장 늦게 발전한 나라는 신라예요. 신라에서는 지증왕의 뒤를 이어 법흥왕이 왕위에 올랐어요. 법흥왕은 율령을 반포하고 관등제와 골품제를 정비하는 등 통치 질서를 바로잡았어요. 귀족들의 반대에도 불구하고 이차돈의 순교에 힘입어 불교를 공식적으로 받아들였고, 불교를 통해 왕의 권위를 높이고자 하였어요. 또한 금관가야를 차지하여 영토도 점차 확대해 나갔어요.

6세기 중반 진흥왕 때 신라는 크게 발전하였어요. 화랑도를 국가 조직으로 정비하여 인재를 길러 냈어요. 화랑도는 귀족 출신의 청소년 중에서 뽑힌 화랑과 이를 따르는 무리인 낭도들이 무예와 사회 규칙, 지식 등을 익혔던 인재 집단이었어요.

진흥왕은 영토를 크게 넓혔어요. 먼저 백제와 힘을 합쳐 고구려가 확보하고 있던 한강 상류 지역을 차지하였어요. 이어서 동맹국이었던 백제를 공격하여 한강 하류 지역까지 빼앗아 한강 유역을 모두 확보하였어요. 하지만 신라가 한강 하류 지역을 차지하는 과정에서 백제와 원수 사이가 되어 싸움이 계속되었어요. 이 과정에서 백제의 성왕이 전사하기도 하였어요(관산성 전투).

남쪽으로는 대가야를 비롯하여 가야 연맹의 여러 나라를 모두 정복하였어요. 북쪽으로는 고구려를 공격하여 동해안을 따라 함경도 지방까지 영토를 넓혔어요. 진흥왕은 새로 차지한 영토를 기념하며 4개의 순수비와 단양 신라 적성비를 세웠어요. 이처럼 진흥왕은 삼국 간 경쟁에서 주도권을 잡는 데 큰 역할을 하였어요.

낱말 사전

골품제
신라 때 혈통에 따라 구분한 신분 제도

순교
자기가 믿는 종교를 위하여 목숨을 바침

인재
재주가 뛰어난 사람

순수비
왕이 나라 안을 두루 살피며 돌아다니던 일을 기념한 비석

▲ 서울 북한산 신라 진흥왕 순수비

- 진흥왕 이전의 신라 영토
- 신라 최대 영역(진흥왕 때)

백두산
국내성(지안)
요동지방
고구려
마운령 신라 진흥왕 순수비
황초령 신라 진흥왕 순수비
평양성
동해
512년(지증왕 때) 우산
신라
서울 북한산 신라 진흥왕 순수비
위례성(서울)
실직
단양 신라 적성비
황해
웅진(공주)
사비(부여)
대가야(고령)
금성(경주)
백제
창녕 신라 진흥왕 척경비
탐라

▲ 신라의 전성기(6세기)

▲ 단양 신라 적성비

1 신라에 대한 설명으로 맞으면 ○표, 틀리면 ×표 하세요.

(1) 법흥왕은 화랑도를 국가의 조직으로 정비하였다. (   )

(2) 진흥왕은 한강 유역을 모두 확보하였다.   (   )

2 다음 (   ) 안의 단어 중 옳은 것을 골라 ○표 하세요.

(1) 신라에서 (법흥왕, 진흥왕)이 율령을 반포하였다.

(2) 신라 진흥왕은 자신의 영토 확장을 기념하여 (순수비, 태학)을/를 세웠다.

3 다음 지도를 보고 아래의 카드를 시간 순서대로 나열하세요. (   )

관등제
벼슬[官] + 등급, 계급[等] + 제도[制]

관리나 벼슬의 등급을 정한 제도

예 신라 법흥왕은 관등제를 정비하였다.

법흥왕은 관등 외에도 신분 제도인
골품제를 정비했어요.

9일차 삼국과 가야의 삶

Q1 삼국 시대 사람들은 어떤 모습으로 살았을까?

삼국은 정복 전쟁으로 여러 집단을 통합해 갔어요. 이 과정에서 왕과 귀족이 생기고 정복당한 지역의 백성들이 노비가 되면서 신분 제도가 마련되었던 거예요. 삼국 시대의 신분은 귀족, 평민, 천민으로 나뉘었어요. 먼저 귀족은 대대로 신분을 물려받으며 나랏일을 책임지는 관리가 되었고 많은 토지와 노비를 가질 수 있었어요. 비교적 넓고 좋은 집에서 풍족하게 살았지요.

다수의 사람들은 평민이었어요. 평민들은 농사를 지으며 나라에 세금을 바쳤어요. 또한 궁궐을 짓거나 성을 쌓는 일에 동원되었고, 전쟁이 일어나면 군인으로 참전하기도 했어요. 거친 베나 동물 가죽으로 만든 옷을 입었고, 조, 보리, 콩 등을 주로 먹었어요.

가장 아래에 있는 신분은 천민으로 대부분은 노비였어요. 노비는 귀족의 땅을 대신 농사짓거나 귀족의 집에서 궂은일을 하면서 살았어요. 이들은 물건으로 여겨져 사고 팔리기도 하였어요.

삼국의 주된 종교로는 불교를 들 수 있어요. 삼국의 왕들은 자신의 권위를 높이고 국가의 안녕과 발전을 바라면서 불교를 받아들였어요. 미륵사, 황룡사와 같은 거대한 절이 세워졌고, 불상과 탑도 많이 만들어졌어요. '백제의 미소'라고 불리는 서산 용현리 마애여래삼존상은 백제의 대표적인 불상이에요.

삼국의 고분은 나라와 시대에 따라 다양한 모습을 띠고 있어요. 특히 무덤에서 발견된 껴묻거리나 벽화를 통해 각 나라의 문화 특징과 예술성을 살펴볼 수도 있지요. 고구려와 백제에서는 돌무지무덤이나 굴식 돌방무덤을 만들었고, 특히 백제는 벽돌무덤도 만들었지요. 신라에서는 크기가 매우 큰 돌무지덧널무덤을 만들었어요. 신라의 천마총과 금관총에서는 금으로 만든 화려한 장신구들이 발견되었어요.

낱말 사전

풍족
매우 넉넉하여 모자람이 없음

안녕
아무 탈 없이 편안함

고분
고대에 만들어진 무덤

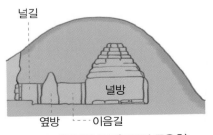

▲ 굴식 돌방무덤의 구조(고구려 무용총)

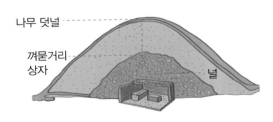

▲ 돌무지덧널무덤의 구조(신라 천마총)

1 **삼국의 모습에 대한 설명으로 맞으면 ○표, 틀리면 ×표 하세요.**

(1) 삼국이 주변의 집단을 통합하는 과정에서 신분 제도가 마련되었다.　(　　　　)

(2) 평민들은 물건으로 여겨져 사고 팔렸다.　　　　　　　　　　　　(　　　　)

(3) 노비들은 나라에 세금을 바쳤다.　　　　　　　　　　　　　　　(　　　　)

2 **다음 내용의 □ 안에 들어갈 알맞은 말을 쓰세요.**

(1) 삼국 시대의 □□들은 궁궐을 짓거나 성을 쌓는 일에 동원되었다.

(2) 통일 전의 신라에서는 주로 크기가 매우 큰 □□□□□무덤을 만들었다.

3 **다음은 삼국의 종교에 대한 학생들의 대화입니다. 빈칸 ㉠, ㉡에 들어갈 알맞은 말을 쓰세요.**

이런 문화재가 있는 것을 보면 당시에 새로운 종교로 ┌ ㉠ ┐가 들어왔음을 알 수 있어.

▲ 서산 용현리 마애여래 삼존상

맞아. 삼국의 왕들은 왕권을 강화하고, 국가의 안녕을 위해 새로운 종교를 받아들였지. 그리고 절과 불상, ┌ ㉡ ┐ 등을 세웠어.

㉠ (　　　　　　　　)　㉡ (　　　　　　　　　　　)

어휘 더하기

장신구
꾸미다[裝]+몸[身]+도구[具]

▲ 신라의 금 귀걸이

몸치장하는 데 쓰는 물건

예 그녀는 화려한 장신구로 한껏 멋을 냈다.

비슷한 말로 '장식품(裝飾品)'이라는 말이 있어요. 이 말은 가구나 옷, 혹은 공간 등을 꾸미는 물건을 지칭할 때 사용해요.

02 가야는 어떤 나라였을까?

가야는 낙동강 유역의 변한 지역에서 성장하였어요. 가야의 건국 이야기는 『삼국유사』에 실려 있는데, 내용은 다음과 같아요.

▲ 금관가야를 세운 김수로왕

> 아직 나라의 이름도, 왕도 없을 때 아홉 명의 족장들이 백성들을 다스렸다. 어느 날 김해의 구지봉에서 하늘의 소리가 들려왔다. 이 말에 따라 노래를 부르고 춤을 추자 하늘에서 붉은 보자기에 싸인 금으로 된 상자가 내려왔다. 상자를 열어 보니 황금색 알 여섯 개가 있었다. 여섯 개의 알에서 어린아이가 나왔는데, 가장 먼저 나온 아이가 김수로였다. 김수로가 금관가야의 왕이 되었고, 다른 아이들도 각각 다른 가야국의 왕이 되었다.

이 이야기를 보면 가야는 여러 나라가 모여 이루어졌음을 알 수 있어요. 가야는 낙동강 유역에서 철기 문화를 기반으로 성립하였고, 여러 나라가 모여 연맹을 이루었어요.

가야 연맹을 처음 이끌었던 나라는 김해에 있던 금관가야였어요. 김해 지방은 일찍부터 철광석이 풍부하여 변한 시기부터 김해에서 생산한 철을 낙랑, 왜 등에 수출하고 있었어요. 게다가 낙동강 하류에 있어 바다와 내륙을 연결하는 교통의 중심지이기도 했어요. 하지만 왜군이 가야와 연합하여 신라를 침입하였을 때 고구려 광개토 대왕이 군사를 보내 이를 막고 금관가야까지 공격하였어요. 그 결과 금관가야를 비롯한 가야 연맹이 급격히 약해졌어요.

이후 낙동강 서쪽 내륙 지역에서 고령 지방의 대가야를 중심으로 다시 가야의 여러 나라들이 연맹을 형성하였어요. 그러나 신라와 백제의 압박으로 세력이 약해졌어요. 결국 신라 법흥왕 때 금관가야가 신라에 합쳐지고, 진흥왕 때 대가야가 멸망하면서 가야는 없어지게 되었어요. 가야 사람들 중 일부는 왜로 건너가 고대 문화 발전에 도움을 주었고, 일부는 신라로 가서 우륵처럼 가야금과 가야 음악을 전하기도 하였어요.

낱말 사전

족장
한 부족의 우두머리

철광석
철을 포함하고 있어 철을 만드는 원료가 되는 돌

내륙
바다에서 멀리 떨어져 있는 육지

가야금
오동나무로 길게 소리가 울리는 판을 만들어 바탕을 삼고, 그 위에 12개의 줄을 걸어 손가락으로 뜯으며 연주하는 악기

가야 연맹의 변천 ▶

1 가야에 대한 설명으로 맞으면 ○표, 틀리면 ×표 하세요.

(1) 시조는 박혁거세이다. ( )

(2) 낙동강 유역에서 철기 문화가 발달하면서 성립하였다. ( )

(3) 고구려 광개토 대왕의 공격으로 대가야가 약해졌다. ( )

2 서로 관련 있는 것을 바르게 연결하세요.

(1) 금관가야 ●　　　　　　　　　　● ㉠ 신라 진흥왕의 공격으로 멸망하였다.

(2) 대가야 ●　　　　　　　　　　● ㉡ 초기에 가야 연맹을 이끌었다.

3 다음 가야에 대한 자료를 보고 생각 그물의 (가), (나)에 들어갈 알맞은 내용을 쓰세요.

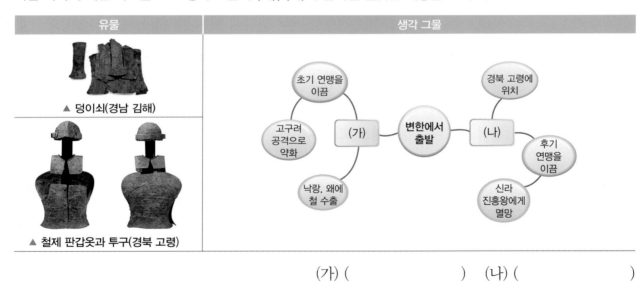

유물	생각 그물
▲ 덩이쇠(경남 김해) ▲ 철제 판갑옷과 투구(경북 고령)	초기 연맹을 이끔 / 고구려 공격으로 약화 / 낙랑, 왜에 철 수출 — (가) — 변한에서 출발 — (나) — 경북 고령에 위치 / 후기 연맹을 이끔 / 신라 진흥왕에게 멸망

(가) ( )　　(나) ( )

어휘 더하기

연맹

잇다[聯] + 약속, 맹세[盟]

가야 연맹

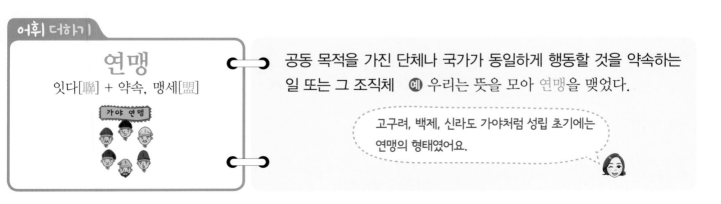

공동 목적을 가진 단체나 국가가 동일하게 행동할 것을 약속하는 일 또는 그 조직체　예 우리는 뜻을 모아 연맹을 맺었다.

고구려, 백제, 신라도 가야처럼 성립 초기에는 연맹의 형태였어요.

10일차 삼국 통일

01 고구려는 수와 당을 어떻게 물리쳤을까?

6세기 말 수가 중국을 통일하였어요. 이후 수 양제는 612년에 113만 명이 넘는 군사를 이끌고 고구려에 쳐들어왔어요. 고구려군의 저항으로 요동성을 무너뜨리지 못하자 수 양제는 30만 명의 별동대를 보내 평양성을 공격하게 하였어요. 하지만 을지문덕이 이끄는 고구려군이 수의 군대를 살수(지금의 청천강)에서 크게 무찔렀으니, 이를 '살수 대첩'이라고 해요. 그 뒤에도 수가 몇 번 더 침략했지만 고구려가 모두 물리쳤어요. 이후 수는 고구려를 무리하게 공격한 것에 더해 내부에서 반란까지 일어나 결국 멸망하고 말았어요.

수의 뒤를 이은 당은 건국 초기에 고구려와 친선 관계를 맺었어요. 하지만 당 태종이 왕위에 오르면서 고구려에 압박을 가하기 시작하였어요. 그러자 고구려는 당의 침입에 대비하여 천리장성을 쌓았어요. 그러던 중 연개소문이 정변을 일으켜 권력을 장악하였어요. 645년 당 태종은 연개소문의 정변을 구실로 고구려에 쳐들어왔어요. 당군은 요동성 등을 차례로 무너뜨리고, 평양성으로 가는 길목에 있는 안시성을 공격하였어요. 안시성은 당군에 포위되어 60여 일 동안 여러 차례 공격을 받았어요. 하지만 안시성의 성주와 백성들은 끝까지 저항하여 마침내 당의 공격을 물리쳤어요.

고구려는 수와 당의 침입을 물리치며 한반도의 방파제 구실을 하였어요. 하지만 오랜 전쟁과 지배층의 분열로 고구려의 힘은 점차 약해져 갔어요.

낱말 사전

친선
서로 친해서 사이가 좋음

천리장성
고구려 때 부여성에서 서남쪽으로는 발해만의 비사성에 이르기까지 1,000리에 걸쳐 쌓은 긴 성

정변
무력으로 정권을 빼앗는 등 비합법적인 수단으로 생긴 정치상의 큰 변동

성주
성의 우두머리

방파제
파도를 막기 위하여 항만에 쌓은 둑

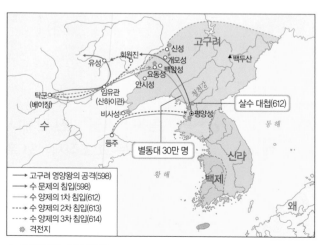

▲ 고구려와 수의 전쟁

1 고구려의 대외 전쟁에 대한 설명으로 맞으면 ○표, 틀리면 ×표 하세요.

(1) 고구려군이 수의 별동대를 살수에서 물리쳤다. (   )

(2) 을지문덕이 수의 침입에 대비하여 천리장성을 쌓았다. (   )

(3) 고구려에서 정변을 일으켜 권력을 잡은 인물은 연개소문이다. (   )

2 다음 내용의 □ 안에 들어갈 알맞은 말을 쓰세요.

(1) 612년 □가 대군을 이끌고 고구려를 쳐들어왔다.

(2) 당 태종은 □□□□의 정변을 구실로 고구려를 침략하였다.

(3) 645년, □□□의 성주와 백성들은 당의 공격을 물리쳤다.

3 다음 지도에 나타난 전쟁을 보고 학생들이 카드 뉴스를 작성하였습니다. ㉠~㉣을 사건이 발생한 순서대로 나열하세요. (   )

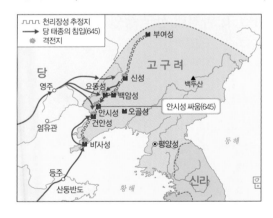

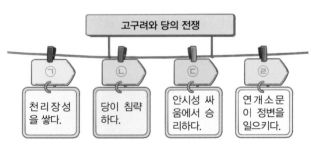

고구려와 당의 전쟁

㉠ 천리장성을 쌓다.

㉡ 당이 침략하다.

㉢ 안시성 싸움에서 승리하다.

㉣ 연개소문이 정변을 일으키다.

어휘 더하기

별동대
나누다[別]+움직이다[動]+무리[隊]

본대에서 따로 떨어져서 독자적으로 행동하는 부대

예 장수는 별동대를 이끌고 적진 깊숙이 쳐들어갔다.

살수 대첩에서 '대첩(大捷)'은 크게 이겼다는 의미예요.

02 신라는 어떻게 삼국을 통일할 수 있었을까?

고구려가 수와 당의 침략을 막아내고 있을 때 백제는 신라를 계속 공격하였어요. 백제의 공격으로 어려운 상황에 놓인 신라는 김춘추(뒤에 무열왕)를 고구려에 파견하여 도움을 요청하였으나 연개소문의 무리한 요구로 결국 실패하고 말았어요.

이에 김춘추는 당으로 건너가 동맹을 제시하였고, 마침 고구려 침략에 거듭 실패했던 당이 이를 받아들였어요. 이렇게 신라와 당 두 나라가 군사 동맹을 맺고 연합군을 결성하였으니, 이것이 나당 동맹이에요.

나당 연합군은 먼저 백제를 공격하였어요. 김유신의 신라군은 황산벌에서 계백이 이끄는 백제군과 전투를 벌였어요. 관창 등 화랑들이 목숨을 바쳐 싸운 끝에 신라가 승리하였어요. 이어 나당 연합군은 수도인 사비성을 함락하고 백제를 멸망시켰어요.

이후 나당 연합군은 고구려를 공격하였어요. 고구려에서는 내부의 권력 다툼으로 정치가 어지러웠어요. 이를 틈타 나당 연합군은 고구려를 멸망시켰어요.

백제와 고구려가 멸망한 후 당은 백제의 옛 땅뿐만 아니라 고구려의 옛 땅, 심지어 신라 땅에도 통치 기구를 두어 해당 지역을 다스리려 하였어요. 이에 신라는 고구려 유민 등과 힘을 합쳐 당과 전쟁을 벌여 당을 몰아냈고, 마침내 삼국 통일을 이룩하였어요.

낱말 사전

무열왕
신라에서 진골 출신으로는 최초로 왕위에 오른 인물, 654년부터 661년까지 왕위에 있었음

파견
일정한 임무를 주어 사람을 보냄

▲ 나당 전쟁의 전개

1 신라의 삼국 통일 과정에 대한 설명으로 맞으면 ○표, 틀리면 ×표 하세요.

(1) 김춘추는 당과 군사 동맹을 체결하였다. ( )

(2) 김유신의 신라군은 계백의 백제군에 승리하였다. ( )

(3) 당은 고구려 멸망 후 신라와의 약속대로 한반도에서 물러났다. ( )

2 다음 ( ) 안의 단어 중 옳은 것을 골라 ○표 하세요.

(1) 신라는 (고구려, 당)에 도움을 요청하였으나 실패하였다.

(2) 나당 연합군은 사비성을 함락하고 (백제, 고구려)를 멸망시켰다.

3 다음의 상황으로 나타난 결과를 □ 안에 쓰세요.

신라가 점령하고 있는 고구려 땅을 돌려준다면 군사를 내어 주겠다.

고구려와의 동맹은 어렵겠군.

군사를 보내 백제를 없애 주십시오.

고구려를 다시 칠 수 있겠군.

연개소문   김춘추   김춘추   당 태종

➡ □□□□이 맺어졌다.

어휘 더하기

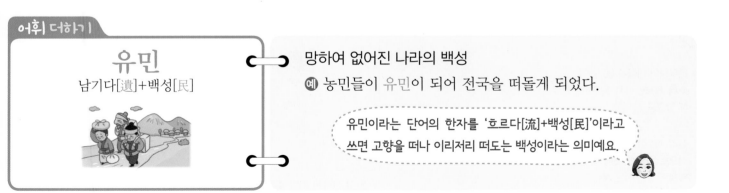

유민
남기다[遺]+백성[民]

망하여 없어진 나라의 백성

예 농민들이 유민이 되어 전국을 떠돌게 되었다.

유민이라는 단어의 한자를 '흐르다[流]+백성[民]'이라고 쓰면 고향을 떠나 이리저리 떠도는 백성이라는 의미예요.

11일차 통일 신라의 모습

01 신라는 통일 후 새로운 나라를 어떻게 만들었을까?

　삼국이 한창 대결하던 7세기 중반 김춘추가 김유신의 도움을 받아 진골 출신으로는 처음으로 왕위에 올랐어요. 이가 곧 무열왕(태종 무열왕)이에요.

　무열왕은 왕위에 오른 뒤 귀족에 의해 임금 자리가 흔들리는 현실을 바꾸고자 하였어요. 당의 문물과 제도를 적극적으로 받아들였으며, 왕이 정치의 중심에 서고 신하들은 그 밑에 위치하는 통치 질서를 마련하였어요.

　무열왕의 아들인 문무왕은 나당 전쟁을 승리로 이끌어 삼국 통일을 완성하였어요. 자신이 죽으면 동해의 용이 되어 외적을 막겠다고 할 정도로 나라를 지키려는 생각이 깊었던 왕이었어요.

　문무왕의 뒤를 이은 신문왕은 귀족 세력을 누르고 왕권을 더욱 강화시키려 하였어요. 넓어진 영토를 다스리기 위해 지방 통치 조직을 5주에서 9주로 늘렸어요. 수도 금성(경주)이 한쪽으로 치우친 점을 보완하기 위해 전국에 5개의 작은 서울, 즉 5소경을 두었고 지방 세력이나 경주의 귀족들을 옮겨 와 살게 하였어요. 아울러 국학을 두어 유학을 보급하고 왕을 도와줄 인재를 길렀어요. 당시 학문적인 지식을 갖춘 6두품 세력이 왕을 정치적으로 도와주는 역할을 맡았어요. 그리고 신문왕은 귀족의 중요한 경제적 기반이었던 녹읍을 없앴고 토지 제도를 정비하였어요. 이처럼 정치, 지방 행정, 교육, 토지 등 여러 제도를 새롭게 정비하여 통일 신라의 발판을 다져갔어요.

낱말 사전

문무왕
신라의 삼국 통일을 완성한 왕으로 661년부터 681년까지 왕위에 있었음

신문왕
문무왕의 아들로 681년부터 692년까지 왕위에 있었음

소경
신라 때 정치적·군사적으로 중요한 곳에 특별히 두었던 작은 서울

▲ 통일 신라의 지방 통치 제도

1 통일 전후의 신라에 대한 설명으로 맞으면 ○표, 틀리면 ×표 하세요.

(1) 김유신이 진골 출신으로는 처음으로 왕위에 올랐다.   (   )

(2) 문무왕은 삼국 통일을 완성하였다.   (   )

(3) 신문왕은 지방 통치 조직을 9주로 늘렸다.   (   )

2 다음 내용의 □ 안에 들어갈 알맞은 말을 쓰세요.

(1) 신문왕은 귀족 세력을 누르고 □□을 강화하였다.

(2) 신문왕은 수도가 한쪽으로 치우친 점을 보완하기 위해 5개의 □□을 두었다.

(3) 신문왕은 □□을 두어 유학을 보급하고자 하였다.

3 다음은 신문왕의 정책입니다. (   ) 안에 들어갈 알맞은 말을 쓰세요.

(1)

국가를 운영하는 데에 유학의 가르침이 필요합니다.

국학을 설치하여 (   )를 양성하였어요.

(2)

이보게, 녹읍이 폐지되었다는군.

그렇다면 이제 귀족의 간섭이 좀 줄어들겠군.

녹읍을 폐지하여 (   )의 힘을 눌렀어요.

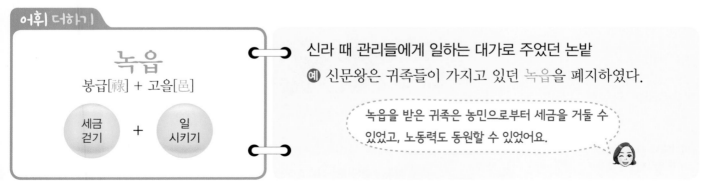

어휘 더하기

녹읍
봉급[祿] + 고을[邑]

세금 걷기 + 일 시키기

신라 때 관리들에게 일하는 대가로 주었던 논밭

예 신문왕은 귀족들이 가지고 있던 녹읍을 폐지하였다.

녹읍을 받은 귀족은 농민으로부터 세금을 거둘 수 있었고, 노동력도 동원할 수 있었어요.

02　신라 말 장보고가 청해진을 세운 까닭은?

　　통일 이후 정치적으로 안정을 이루었던 신라는 100년쯤 지난 때부터 흔들리기 시작하였어요. 귀족 세력이 왕의 자리를 두고 싸움을 벌이다가 혜공왕이 죽임을 당하기까지 하였지요. 이후 왕의 자리를 두고 귀족 간의 다툼이 자주 벌어졌는데, 이때부터 약 150년에 걸쳐 왕이 20명이나 바뀔 정도로 혼란스러웠어요.

　　이러한 어려움에 놓인 중앙 정부가 지방에까지 제대로 힘을 쓸 수 있었을까요? 당연히 힘을 쓸 수 없었겠지요. 귀족들은 호화로운 생활을 했으나 농민들은 정부가 세금을 지나치게 많이 거두어들이려 하자 불만을 터뜨리기도 했어요. 지방 곳곳에는 자신의 힘으로 독자적인 세력을 이룬 이들이 등장하기 시작하였어요. 더욱이 신라에서는 혈통을 중시하는 신분 제도로 인해 능력이 있어도 높은 관직을 얻지 못하는 사람들이 많았어요. 이들 중에는 당으로 가서 꿈을 실현하려는 사람들이 있었지요.

　　장보고도 당에서 꿈을 찾으려고 한 사람 중 하나였어요. 장보고는 당으로 건너가 능력을 인정받아 높은 자리까지 올랐어요. 하지만 그는 많은 신라인들이 해적에 잡혀 노비가 된 모습을 보고 분노하였어요. 이에 장보고는 신라로 돌아와 왕에게 청해(지금의 완도)에 군대를 둘 것을 청하였어요. 왕은 그의 건의를 받아들였어요.

　　장보고는 군사 1만 명을 모아 청해진을 설치하여 해적을 몰아내고 신라 상인들이 안전하게 교역할 수 있게 도와주었어요. 더 나아가 장보고는 청해진을 중심으로 당과 신라, 일본을 연결하는 국제 무역을 이끌어 갔어요. 당시 외국 상인들 사이에서 장보고와 청해진을 모르는 사람이 없을 정도였어요. 또한 산둥반도에 장보고가 세운 절이 있을 정도로 동아시아 이곳저곳에 그 흔적이 남아 있답니다.

낱말 사전

독자
자기 혼자

혈통
같은 핏줄을 타고난 계통

해적
바다에서 배를 위협하여 재물을 빼앗는 도둑

▲ 해적을 몰아내는 장보고 모습

1 신라 말에 해당하는 내용으로 맞으면 ○표, 틀리면 ×표 하세요.

(1) 왕의 자리를 누가 이을지를 두고 다툼이 자주 벌어졌다. (　　　)

(2) 중앙 정부는 지방을 잘 관리할 수 있었다. (　　　)

(3) 동아시아 바다를 누비며 활약한 인물은 을지문덕이었다. (　　　)

2 다음 (　　) 안의 단어 중 옳은 것을 골라 ○표 하세요.

(1) 신라 말 (귀족, 농민)들은 호화로운 생활을 하였다.

(2) 신라의 장보고는 (청해진, 안시성)을 설치하였다.

3 다음 지도와 유적을 보고 바닷길을 주도한 인물이 누구인지 〈보기〉에서 글자를 찾아 쓰세요. (　　　　　)

▲ 산둥성에 세워진 적산 법화원　　　　▲ 청해진이 설치된 완도

보기

ⓐ 고　ⓑ 소　ⓒ 장　ⓓ 대　ⓔ 조　ⓕ 문　ⓖ 연　ⓗ 영　ⓘ 보　ⓙ 개

어휘 더하기

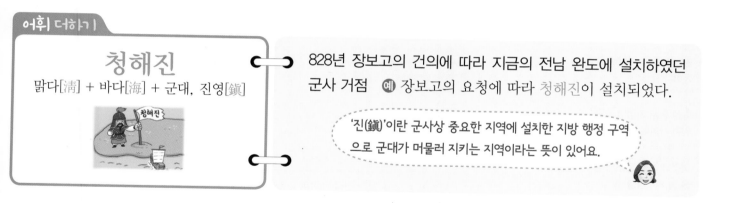

청해진

맑다[清] + 바다[海] + 군대, 진영[鎭]

828년 장보고의 건의에 따라 지금의 전남 완도에 설치하였던 군사 거점 **예** 장보고의 요청에 따라 청해진이 설치되었다.

'진(鎭)'이란 군사상 중요한 지역에 설치한 지방 행정 구역으로 군대가 머물러 지키는 지역이라는 뜻이 있어요.

12일차 발해의 모습

01 대조영이 꿈꾼 나라, 발해는 어떻게 등장하였을까?

고구려가 멸망한 후 많은 고구려인이 당으로 끌려갔어요. 이들을 고구려 유민이라고 해요. 당은 고구려 유민들의 저항을 막고 분열시키기 위해 당의 여러 지역으로 보냈어요. 당시 요서 지방에는 고구려 유민 외에 말갈인, 거란인 등도 끌려와 당의 지배를 받고 있었어요. 여기에 고구려 유민 대조영도 있었지요.

이때 거란인이 당에 반기를 들었어요. 이 틈을 타 대조영은 고구려 유민과 말갈인들을 이끌고 동쪽으로 탈출하였어요. 거란을 누른 당은 군대를 보내 대조영 무리를 쫓았어요. 대조영은 쫓아오는 당군을 물리치고(천문령 전투) 698년 동모산 기슭에 나라를 세웠는데, 이 나라가 발해예요. 이때부터 남쪽에는 신라, 북쪽에는 발해가 함께 있는 남북국의 모양을 이루게 되었어요. 이를 두고 남북국 시대라고 부르기도 해요.

당시 발해의 주민 구성을 살펴보면 크게 고구려 유민과 말갈인으로 이루어져 있었어요. 이 중 지배층에는 고구려 계통의 사람들이 다수였어요.

여기서 잠깐. 대조영의 출신을 두고 논란이 있어요. 출신에 관한 자료로 두 가지가 있어요. '대조영은 본래 고구려의 별종이다.', '대조영은 본래 말갈 사람인데 고구려에 붙은 사람이다.' 이 자료들을 보고, 대조영은 고구려 사람이다, 혹은 북방의 말갈 사람이다로 나뉘는 거죠. 하지만 앞 자료에서는 고구려 계통이면서도 별종, 즉 다른 종족이라고 하고 있고, 뒤 자료에서는 다른 종족에서 고구려로 들어온 사람이라고 하고 있어요. 결국 같은 얘기로 볼 수 있어요. 대조영은 말갈 지역 출신이었지만, 말갈 등 여러 종족과 함께 고구려의 백성이 되어 살았거든요. 당연히 고구려 유민이었지요. 즉, 발해는 고구려 유민이 중심이 되어 세운 나라라고 할 수 있어요.

낱말 사전

말갈
북방에 살던 한 민족의 명칭

반기
반대의 뜻을 나타낸 행동이나 표시

출신
출생 당시 가정이 속해 있던 사회적 신분

논란
여럿이 서로 다른 주장을 벌이며 다툼

▲ 발해 건국 세력의 이동

1 발해에 대한 설명으로 맞으면 ○표, 틀리면 ×표 하세요.

(1) 대조영이 동모산 기슭에 나라를 세웠다. ( )

(2) 발해 지배층은 말갈 계통이 다수를 차지하였다. ( )

(3) 신라와 백제가 함께 존재한 시기를 남북국 시대라고 한다. ( )

2 다음 제시된 카드의 내용을 보고 사건이 발생한 순서대로 나열하세요. ( )

㉠	㉡	㉢	㉣
동모산에서 발해를 건국함	대조영이 당으로 끌려감	대조영이 고구려 유민과 말갈인을 이끌고 탈출함	거란인이 당에 반기를 듦

3 다음은 신라가 삼국을 통일한 시기의 모습을 적은 글입니다. 선생님의 질문에 알맞은 대답을 적어 보세요.

> 부여씨(백제)가 망하고 고씨(고구려)가 망하자 김씨(신라)가 그 남쪽을 차지하였고, 대씨는 그 북쪽을 차지하여 발해라고 하였다. 이것을 <u>남북국</u>이라 한다. 그러니 마땅히 남북국 역사가 있어야 한다.

밑줄 친 '남북국'에서 남국과 북국은 각각 어느 나라인가요?

(1) 남국: ( ) (2) 북국: ( )

어휘 더하기

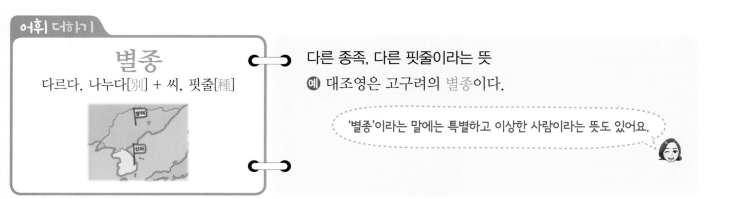

별종
다르다, 나누다[別] + 씨, 핏줄[種]

다른 종족, 다른 핏줄이라는 뜻
예 대조영은 고구려의 별종이다.

'별종'이라는 말에는 특별하고 이상한 사람이라는 뜻도 있어요.

02 발해가 해동성국이라 불린 이유는 무엇일까?

대조영의 뒤를 이어 무왕이 즉위하였어요. 무왕은 수많은 전투에서 많은 공을 세운 뛰어난 인물이었어요. 그는 북쪽으로 영토를 넓혀 만주의 북부 지역까지 차지하였어요. 한편 발해의 세력이 커지자 당은 신라를 포함한 주변 민족을 이용하여 발해를 누르려 하였어요. 그래서 무왕도 일본과 교류하며 신라를 견제하였고, 당의 산둥반도를 공격하여 승리하기도 했지요.

그다음 왕인 문왕은 당과 친하게 지내는 쪽으로 외교 방향을 바꾸었어요. 문왕 시기에 발해는 당의 선진 문물과 제도를 받아들여 국가 제도를 정비하였어요. 도읍을 상경으로 옮기고 당뿐만 아니라 다른 여러 나라들과 교류하는 일에도 힘썼어요. 넓은 평야 지대를 이루고 있는 상경은 강과 호수가 있고 교통이 편리하여 다른 나라와 교류하는 데에도 지리적 이점이 컸어요. 또한 주위가 강, 호수, 산줄기로 둘러싸인 곳이어서 외적의 침입을 막기에도 안성맞춤이었지요.

발해는 9세기 선왕 때 전성기를 맞이하였어요. 옛 고구려 땅을 대부분 되찾았고 동쪽 연해주에서 서쪽 요동 지방에 이르는 아주 넓은 영토를 차지하게 되었어요. 이후에 발해는 당으로부터 '해동성국'이라고 불리게 되었어요.

하지만 발해는 9세기 말 지배층 사이에 권력 다툼이 일어나 국력이 크게 약해졌어요. 결국 거란의 침입을 받아 926년에 멸망하고 말았답니다.

낱말 사전

즉위
임금의 자리에 오름

산둥반도
중국에서 황해(黃海)로 솟아 나온 반도

연해주
러시아의 동남쪽 끝에 있는 지방, 우리나라 동해에 접하여 있으며 두만강을 사이로 우리나라와 국경을 이루고 있음

▲ 발해의 전성기(9세기)

스토리 씽킹

1 발해의 발전 과정에 대한 설명으로 맞으면 ○표, 틀리면 ×표 하세요.

(1) 무왕 때 발해는 당을 직접 공격하기도 하였다.　（　　　）

(2) 문왕은 북쪽으로 영토를 넓혀 당과 대결하였다.　（　　　）

(3) 발해는 말갈의 침입을 받아 멸망하였다.　（　　　）

2 다음 (　　　) 안에 들어갈 말이 무엇인지 〈보기〉에서 글자를 찾아 쓰세요.

> 발해는 전성기에 아주 넓은 영토를 차지하게 되었다. 이후 발해는 중국으로부터 (　　　　　　)
> 이라고 불렸다.

보기

ⓗ 해　ⓛ 라　ⓑ 북　ⓣ 통　ⓓ 동　ⓘ 일　ⓖ 국　ⓢ 신　ⓢ 성

3 다음에서 설명하는 장소는 어느 나라에 있는지 ☐ 안에 쓰세요.

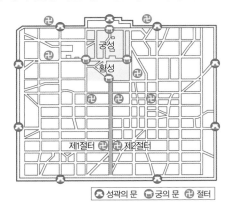

성곽의 문　⊕ 궁의 문　卍 절터

이 그림은 ☐☐의 도읍인 상경성을 보여 주고 있어요. 북쪽에 있는 '궁성'은 왕이 머무는 곳, '황성'은 관청이 있는 곳이에요. 가운데 남과 북으로 곧게 뻗은 길이 있지요? 이것은 당의 장안성을 본떠 만든 것이랍니다. 황제의 기운이 느껴지나요?

어휘 더하기

해동성국

바다[海] + 동쪽[東] + 크게 일어나다[盛] + 나라[國]

바다 동쪽에서 힘이 세고 기운차게 일어난 나라라는 뜻

예 중국에서는 발해를 해동성국이라고 불렀다.

> 해동성국은 선왕 이후 발해 전성기에 불렸던 칭호예요.

13일차 남북국 시대의 삶

01 통일 후 신라 사람들은 어떤 모습으로 살았을까?

　　신라에는 삼국 통일 이전부터 골품제라고 하는 신분 제도가 있었어요. 골품에는 성골과 진골이 있고, 또 6두품에서 1두품까지 나뉘어 있었어요. 최고 신분을 나타내는 '골'은 권력을 갖고 여러 특권을 누렸지요. '두품'에서는 6두품이 가장 높고 숫자가 작아질수록 신분이 낮아졌어요.

　　신라에서는 신분에 따라 관직의 등급, 입을 수 있는 옷, 집의 크기 등에 차이를 두었다고 해요. 골품제로 인해 능력이 있어도 벼슬에 오르지 못하는 사람들이 많았어요. 특히 6두품의 경우 가장 불만이 많았어요. 이들은 벼슬을 포기하기도 했고, 꿈을 펼치기 위해 당으로 유학을 가기도 했어요.

　　신라에서 불교는 원래 왕실과 귀족을 중심으로 발전하였는데, 삼국 통일 전후로 점차 일반 백성에게도 퍼져 나갔어요. 대표적인 신라의 승려로 당에서 유학하여 새로운 불교 교리를 들여온 의상, 당에 유학 가던 도중에 깨달음을 얻고 돌아와 백성들에게 불교를 널리 알리려 했던 원효가 있었어요. 원효는 어려운 불교 교리 대신 '나무아미타불'만 외우면 누구나 극락에 갈 수 있다고 가르쳤어요.

　　삼국 통일 이후 신라에서는 불교문화가 더욱 발전하였어요. 불국사와 석굴암은 이 시기를 대표하는 문화유산이에요. 불국사는 건물과 탑을 균형 있게 배치하여 불교의 이상 세계를 표현하였어요. 석굴암은 돌을 나무처럼 짜 맞추어 인공적으로 만든 석굴 사원이에요. 이 둘은 과학 기술과 예술성을 평가받아 현재 유네스코 세계 문화유산에 올라 있어요.

낱말 사전

특권
특정인 또는 특정의 신분이나 계급에 속하는 사람에게 특별히 주어지는 지위나 권리

교리
종교상의 이치나 원리

극락
지극히 편안하고 걱정이 없는 행복한 세상

배치
사람이나 물자 등을 일정한 자리에 나누어 둠

▲ 경주 불국사 청운교와 백운교(경북 경주)

▲ 경주 석굴암 본존 불상(경북 경주)

스토리 씽킹

1 통일 신라 사회에 대한 설명으로 맞으면 ○표, 틀리면 ×표 하세요.

(1) 신분 제도로 골품제가 있었다. (   )

(2) 골품제의 두품에서는 6두품이 가장 낮은 위치에 속한다. (   )

(3) 신분에 따라 관직의 등급, 입을 수 있는 옷 등에 차이가 있었다. (   )

2 다음 내용의 □ 안에 들어갈 알맞은 말을 쓰세요.

(1) □□는 '나무아미타불'만 외우면 누구나 극락에 갈 수 있다고 가르쳤다.

(2) □□□는 건물과 탑을 균형 있게 배치하여 불교의 이상 세계를 표현한 절이다.

(3) 석굴암은 □□적으로 만든 석굴 사원이다.

3 다음 도표는 신라의 신분 제도를 나타낸 것입니다. 빈칸 ㉠, ㉡에 들어갈 알맞은 말을 쓰세요.

도표와 같은 신라의 신분 제도를 ㉠ 제라고 불러요. 이 제도로 가장 크게 불만을 품었던 사람들은 바로 ㉡이었답니다.

㉠ (   )   ㉡ (   )

어휘 더하기

골품제

뼈[骨] + 등급[品] + 제도[制]

불공평한 세상!

진골 6두품

신라의 신분 제도로 왕족에 해당하는 최상위 신분층인 '골'과 그 아래 신분층인 '두품'으로 나뉨

예 신라에는 엄격한 신분제인 골품제가 있었다.

골품제에서는 신분에 따라 입을 수 있는 옷, 집의 크기, 소유할 수 있는 말의 수 등이 달랐어요.

02 발해 사람들이 일군 문화는 어떤 모습일까?

추운 날 집 안에 들어서면 따스함이 느껴지지요. 이는 집 안을 덥혀 주는 바로 이것이 있기 때문이에요. 방바닥에 설치된 이 장치를 무엇이라고 할까요? 바로 온돌이에요. 온돌은 예로부터 우리나라 집의 구조에서 볼 수 있는 난방 시설이에요. 다음 사진을 보면 고구려의 유적과 발해의 유적에서 비슷한 형태의 온돌 유적을 찾아볼 수 있어요. 두 나라의 문화가 비슷했다는 걸 알 수 있지요.

▲ 고구려 아차산 보루에서 발견된 온돌(서울 광진)

▲ 발해 성터에서 발견된 온돌(러시아 연해주)

왜 두 나라의 문화가 닮았을까요? 발해는 고구려 유민이 중심이 되어 세운 나라이기 때문이에요. 발해는 스스로 고구려를 계승하였다는 생각이 강하였지요. 이러한 사실은 온돌의 사례처럼 유적이나 유물, 혹은 글로 된 자료 등에서 확인할 수 있어요. 발해의 왕은 일본에 보낸 외교 문서에 '고려(고구려)' 또는 '고려(고구려) 국왕'이라고 표현하며 발해가 고구려의 뒤를 이었다는 의지를 분명하게 나타냈어요.

발해의 건물 지붕에서도 고구려의 흔적을 찾을 수 있어요. 지붕의 가운데에서 가장 끝에 달린 치미, 혹은 연꽃무늬를 넣은 기와 등이 고구려의 것을 닮아 있어요. 이처럼 발해가 고구려의 전통을 이어받았다는 사실을 찾기란 어렵지 않아요.

하지만 발해에서 고구려의 흔적만 볼 수 있는 것은 아니랍니다. 당의 흔적도 살펴볼 수 있어요. 발해의 도읍인 상경성에서 건물을 두고 길을 내는 방식은 당의 장안성을 본떠 만들었어요. 특히 가운데 중심 도로를 남북으로 곧게 뻗은 일직선으로 낸 점에서 두 성의 모습이 비슷하다는 걸 알 수 있지요. 한편 일반 백성들이 사용한 토기는 말갈의 전통을 이어 만들기도 했답니다.

이처럼 발해는 고구려의 전통을 이어받으면서도 당, 말갈 등 주변 문화를 흡수하여 발해만의 색깔을 지니게 되었어요.

낱말 사전

난방
방이나 건물 안을 따뜻하게 함
치미
전통 건물의 지붕 끝머리에 얹는 장식

1 **발해 문화에 대한 설명으로 맞으면 ○표, 틀리면 ×표 하세요.**

(1) 발해 왕은 일본에 보낸 외교 문서에 스스로를 '고려 국왕'이라고 하였다. ( )

(2) 발해의 건물 지붕에서는 고구려의 흔적을 찾을 수 없다. ( )

(3) 발해는 고구려 전통 외에 주변의 문화도 함께 흡수하여 독자적인 문화를 발달시켰다. ( )

2 **다음 ( ) 안의 단어 중 옳은 것을 골라 ○표 하세요.**

(1) 발해의 수도 상경성의 구조는 (당, 고구려)의 장안성을 본떴다.

(2) 발해 상경성 안에 있는 온돌 시설은 (당, 고구려)의 전통을 따라 설치되었다.

3 **다음은 문화재를 비교한 자료입니다. ( ) 안에 들어갈 알맞은 내용을 쓰세요.**

▲ 고구려 기와　　　　▲ 발해 기와

➡ 발해의 기와가 ( )의 전통을 이었음을 확인할 수 있다.

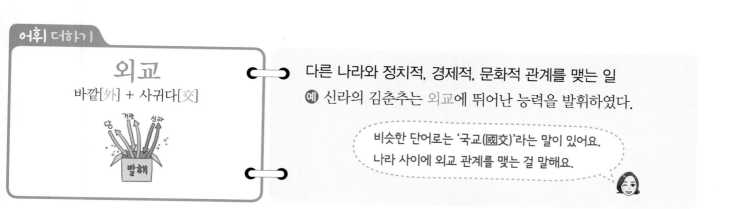

어휘 더하기

외교
바깥[外] + 사귀다[交]

다른 나라와 정치적, 경제적, 문화적 관계를 맺는 일

例 신라의 김춘추는 외교에 뛰어난 능력을 발휘하였다.

비슷한 단어로는 '국교(國交)'라는 말이 있어요.
나라 사이에 외교 관계를 맺는 걸 말해요.

14일차 | 실전 문제

1 (가)에 들어갈 내용으로 옳은 것은 무엇인가요?
(　　)

> 　고구려는 첫 도읍지를 졸본에 정했다. 이곳은 산세가 험해 적을 막기에 유리했지만 농사짓기에는 불편했다. 다음 왕에 이르러 압록강 주변의 ▢▢(가)▢▢으로 도읍을 옮겼다. 이후에 주변 지역을 정복하면서 영토를 넓혀갔다.

① 금성
② 웅진성
③ 국내성
④ 위례성
⑤ 평양성

2 밑줄 친 ㉠의 정책으로 나타난 결과로 옳은 것은 무엇인가요? (　　)

> 　고구려 장수왕은 먼저 도읍을 국내성에서 평양성으로 옮겼다. 국내성에 기반을 두고 있던 귀족 세력을 누르고 왕권을 강화하려는 목적이 있었다. ㉠장수왕은 도읍을 옮긴 후 백제와 신라쪽으로 세력을 확장해 가는 정책을 취하였다.

① 고구려 왕이 전사하였다.
② 신라와 당이 연합을 하였다.
③ 신라와 백제가 동맹을 맺었다.
④ 백제가 위례성을 도읍으로 하였다.
⑤ 발해가 당과 친선 관계를 취하였다.

3 다음 자료를 통해 알 수 있는 내용으로 옳은 것은 무엇인가요? (　　)

> 칠지도의 겉면에 글자를 새겼는데, 그 내용 중에 귀한 물건을 일본으로 보내니 잘 보관하여 후대에 전하라는 글귀가 있어요.

① 백제와 왜가 교류하였다.
② 백제가 율령을 반포하였다.
③ 금관가야가 세력을 넓혔다.
④ 신라가 왜의 침입을 받았다.
⑤ 고구려가 졸본에 도읍을 정하였다.

4 다음은 삼국이 어느 지역을 두고 경쟁하는 모습입니다. ▢ 안에 알맞은 지역을 쓰세요. (　　)

> ▢▢ 유역은 이제 우리 것이야!
> 아니야. ▢▢ 유역은 원래 우리 것이었어!
> 두고 보라고! 이제 ▢▢ 유역은 우리 것이 될 테니까.

5 (가) 신분에 대한 설명으로 옳은 것은 무엇인가요?
(　　)

> 　삼국 시대에 가장 낮은 신분은 천민으로, 대부분은 ▢▢(가)▢▢에 해당하였다.

① 왕위를 계승하였다.
② 물건으로 취급받았다.
③ 나라에 세금을 바쳤다.
④ 전쟁 시 군인이 되었다.
⑤ 나랏일을 맡아 관리가 되었다.

6 다음 비석을 세운 국왕 시기에 있었던 사실로 옳은 것은 무엇인가요? (   )

▲ 서울 북한산 신라 진흥왕   ▲ 단양 신라 적성비
　순수비

① 대가야가 멸망하였다.
② 주몽이 나라를 세웠다.
③ 삼국 통일이 이루어졌다.
④ 국내성으로 도읍을 옮겼다.
⑤ 온조와 비류가 이동하였다.

7 다음 고구려 장수의 활동으로 옳은 것은 무엇인가요?
(   )

> 저 을지문덕은 수의 30만 명의 별동대를 물리쳤습니다.

① 발해를 세웠다.
② 당과 연합하였다.
③ 백제를 멸망시켰다.
④ 살수 대첩에서 승리하였다.
⑤ 화랑도를 국가 조직으로 키웠다.

8 (가)에 들어갈 내용으로 적절한 것은 무엇인가요?
(   )

변한에서 출발 — 초기 연맹을 이끎 — 금관가야 — (가) — 낙랑, 왜에 철 수출

① 위례성에 도읍
② 대조영이 건국
③ 삼국 통일을 완성
④ 남진 정책을 실시
⑤ 고구려 공격으로 약화

9-10 다음 글을 읽고 물음에 답하세요.

> 　신라의 김춘추는 ☐으로 건너가 고구려와 백제를 공격하자며 동맹을 제시하였다. 마침 고구려 침략에 거듭 실패했던 ☐이 이를 받아들였다. 마침내 두 나라는 <u>군사 동맹</u>을 맺었다.

9 ☐ 안에 공통으로 들어갈 나라의 이름을 쓰세요.

(　　　　　　　)

10 밑줄 친 '군사 동맹'을 맺은 나라들이 한 일로 옳은 것은 무엇인가요? (   )

① 천리장성을 쌓았다.
② 고구려를 멸망시켰다.
③ 산둥반도를 공격하였다.
④ 남진 정책을 실시하였다.
⑤ 도읍을 국내성으로 하였다.

11 밑줄 친 '이곳'은 어디인가요? (   )

> 신라가 통일한 후에 작은 서울인 이곳을 만들었습니다. 옛 고구려와 백제 귀족들은 이제 이곳으로 옮겨 가야 합니다.

① 졸본   ② 금성   ③ 위례성
④ 5소경   ⑤ 평양성

12 (가)에 들어갈 내용으로 옳은 것은 무엇인가요?

(   )

장보고의 활동

| 당에서 벼슬을 버리고 신라로 돌아오다. | → | (가) | → | 해적을 몰아내고 신라 상인들의 활동을 돕다. |

① 녹읍을 폐지하다.
② 청해진을 설치하다.
③ 진흥왕 순수비를 세우다.
④ 고이왕을 도와 개혁하다.
⑤ 수의 군대를 살수에서 크게 무찌르다.

13 (가)에 들어갈 검색어를 쓰세요.

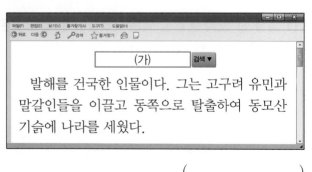

발해를 건국한 인물이다. 그는 고구려 유민과 말갈인들을 이끌고 동쪽으로 탈출하여 동모산 기슭에 나라를 세웠다.

(   )

14 다음 자료의 왕이 주도한 활동으로 옳은 것은 무엇인가요? (   )

> 발해의 문왕은 당과 친하게 지내는 쪽으로 외교의 방향을 바꾸었다. 이 시기 문왕은 당의 선진 문물과 제도를 받아들여 국가 제도를 정비하였다.

① 태학을 세웠다.
② 칠지도를 만들었다.
③ 삼국을 통일하였다.
④ 대가야를 정복하였다.
⑤ 상경으로 도읍을 옮겼다.

15 밑줄 친 '신분 제도'의 명칭을 쓰세요.

> 신라에는 삼국 통일 이전부터 엄격한 신분 제도가 있었다. 이 신분 제도에는 성골과 진골이 있고, 또 6두품에서 1두품까지 나뉘어 있었다.

(   )

16 다음은 발해 문화의 특징을 설명하고 있습니다. 이를 통해 알 수 있는 내용으로 옳은 것은 무엇인가요?

(   )

> 발해의 도읍인 상경성 터에서는 난방 시설에 해당하는 온돌이 발견되었다. 또한 이곳 건물 지붕에서는 치미나 연꽃무늬 기와를 찾아볼 수 있다.

① 불국사를 지었다.
② 불교를 받아들였다.
③ 고구려의 전통을 따랐다.
④ 한강 유역을 차지하였다.
⑤ 동물을 수호신으로 모셨다.

1 비슷한 뜻의 낱말끼리 바르게 묶은 것을 모두 고른 것은 무엇인가요? (　　　　)

> ㉮ 반포 – 선포　　　㉯ 증거 – 근거　　　㉰ 교역 – 무역　　　㉱ 반란 – 논란

① ㉮, ㉯　　　　　　　　② ㉮, ㉰　　　　　　　　③ ㉯, ㉰

④ ㉮, ㉯, ㉰　　　　　　⑤ ㉯, ㉰, ㉱

2 빈칸 ㉠~㉢에 들어갈 알맞은 낱말을 바르게 나열한 것은 무엇인가요? (　　　　)

> 신라는 삼국 통일을 위해 다른 나라와 ㉠ 을 맺었어. 당시 신라는 백제의 공격으로 어려운 상황에 놓이자 우선 고구려를 찾아가 도움을 요청했어. 하지만 고구려에서 무리한 요구를 내 놓았고, 결국 ㉡ 에 실패하게 되었지.

> 그 다음에 신라는 당을 찾아갔어. 서로 상대의 도움이 필요했지. 그래서 신라와 당은 ㉠ 을 맺게 되었어. 하지만 두 나라는 생각이 달라져 ㉢ 을 벌이게 되었어.

	㉠	㉡	㉢
①	동맹	협상	전쟁
③	조약	전쟁	경쟁
⑤	타협	전쟁	협상

	㉠	㉡	㉢
②	연맹	정복	타협
④	전쟁	협상	동맹

3 빈칸 ㉠~㉢에 들어갈 알맞은 낱말을 〈보기〉에서 찾아 쓰세요.

> **보기**
>
> 진골　　　6두품　　　당　　　수　　　능력　　　혈통

〈 ㉠ 의 활약〉

신라에서 ㉠ 은/는 신분 제도에 불만이 많았어.

㉡ 은/는 뛰어났는데 신분의 제약으로 높은 관직에 오를 수 없었거든.

그래서 꿈을 펴려고 ㉢ (으)로 유학 가는 경우도 많았어.

㉠ (　　　　　　　)   ㉡ (　　　　　　　)   ㉢ (　　　　　　　)

Ⅲ

고려 시대

"고려는 어떤 문화를 발전시켰을까요?"

왕건이 세운 고려는 후삼국을 통일하고 발해 사람들을 받아들여 민족의 통합을 이루었어요. 거란, 몽골 등 외적이 여러 번 침입했지만, 고려는 이를 잘 이겨 내고 여러 나라와 활발하게 교류하며 고려를 세계에 알렸답니다. 이러한 교류를 바탕으로 고려는 고려청자와 팔만대장경, 금속 활자 등 독창적인 문화를 발전시켰어요.

Ⅲ 고려 시대

고려를 세운 왕건은 신라와
후백제를 무너뜨리고,
후삼국을 통일하였어요.

고려 시대

900	901	918	926

견훤, 후백제 건국　　　　궁예, 후고구려 건국　　　　왕건, 고려 건국　　　　발해 멸망

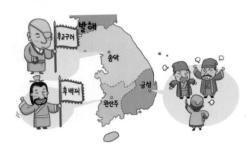

귀주 대첩 이후 고려는 송, 거란과
세력 균형을 이룰 수 있었어요.

1019	1170	1231	1232

귀주 대첩　　　　무신 정변　　　　몽골의 1차 침입　　　　강화도로 수도 옮김

강감찬의귀주대첩 General Kang Kam-chan's Great Victory at Kyiju

▲ 귀주 대첩을 그린 그림으로
　만든 우표

▲ 강화도에 있는 고려궁지

과거제 실시로 이전 시대보다 관리가 될 수 있는 사람들의 범위가 넓어졌어요.

935	936	958	993
신라 멸망	고려, 후삼국 통일	과거제 처음 실시	거란의 1차 침입 – 서희의 담판

삼별초는 몽골의 침입에 맞서 강화도-진도-제주도로 근거지를 옮겨 가며 싸웠어요.

1236	1270	1377
팔만대장경 제작 시작	삼별초, 항쟁 시작	『직지심체요절』 제작

▲ 합천 해인사 대장경판

▲ 삼별초가 이동한 경로

고려의 인쇄 기술자들은 세계 최초로 금속 활자 인쇄술을 발명했어요.

15일차 고려의 건국과 통일

01 후삼국은 어떻게 등장하였을까?

봉기라는 말을 들어본 적이 있나요? 봉기란 많은 사람들이 왕이나 정부에 반대하여 벌 떼처럼 떼 지어 들고일어나는 일을 가리키는 말이에요. 우리 역사에서 처음으로 농민들이 봉기를 일으킨 때가 신라 말이에요. 농민들은 왜 봉기를 일으켰을까요?

신라는 통일 후 오랫동안 번영하였어요. 그런데 귀족들이 서로 왕이 되려고 다투면서 혼란에 빠졌어요. 혼란 속에서 왕의 힘은 약해졌지만, 귀족들은 더 많은 땅을 차지하고 호화롭게 생활했어요. 반대로 농민들은 귀족에게 땅을 빼앗기고 노비가 되거나 고향을 떠나 떠돌아다니는 경우가 많아졌어요.

이렇게 세금을 거둘 수 있는 땅과 농민이 줄자, 각 지방에서 중앙 정부에 바치는 세금도 줄었어요. 게다가 흉년까지 겹쳐 농민들은 세금 내기가 더욱 어려워졌어요. 그런데도 정부는 세금을 빨리 내라고 명령했어요. 마침내 참아 왔던 농민들의 분노가 폭발했어요. 곳곳에서 농민들이 봉기를 일으켰지요.

힘이 약해진 신라의 왕은 혼란을 수습할 수 없었어요. 그러자 지방에서 힘을 기른 사람들이 각자 성을 쌓고 군대를 길러 스스로 자기 고을을 지켰어요. 이렇게 지방에서 힘을 키워 각 지역을 다스린 사람들을 호족이라고 불러요.

몇몇 호족은 지역을 다스리는 것에 만족하지 않고 새로운 나라를 세웠어요. 견훤은 옛 백제 땅이었던 전라도 지역을 중심으로 후백제를 세웠어요. 궁예는 옛 고구려 땅이었던 강원도, 경기도, 황해도 지역을 차지하고 후고구려를 세웠어요. 이처럼 신라는 다시 세 나라로 나누어지게 되었는데, 이를 후삼국이라고 해요.

낱말 사전

번영
일이 매우 잘되어 세상에 빛날 만하게 됨

흉년
농작물이 예년에 비하여 잘되지 않아 굶주리게 된 해

수습
어지러운 상황을 정리하여 바로잡음

◀ 후삼국 지도

스토리 씽킹

정답과 해설 148쪽

1 서로 관련 있는 것을 바르게 연결하세요.

(1) 신라 말 지방에서 힘을 키워 각 지역을 다스린 세력 ●

(2) 신라 말 농민의 땅을 빼앗아 더 호화롭게 생활한 신분 ●

● ㉠ 귀족

● ㉡ 호족

2 신라 말의 상황에 대한 설명으로 맞으면 ○표, 틀리면 ×표 하세요.

(1) 귀족들이 서로 왕이 되려고 다투면서 왕의 힘은 약해졌다. (   )

(2) 호족에게 땅을 빼앗기고 떠돌아다니는 농민들이 늘어났다. (   )

(3) 견훤은 옛 백제 땅이었던 지역을 중심으로 후백제를 세웠다. (   )

3 다음은 신라 말의 호족과 농민 중 어떤 사람의 생각을 나타낸 것인지 (   ) 안에 쓰세요.

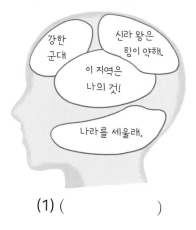

강한 군대 / 신라 왕은 힘이 약해. / 이 지역은 나의 것! / 나라를 세울래.

(1) (   )

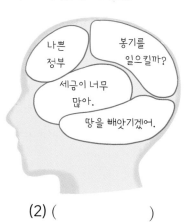

나쁜 정부 / 봉기를 일으킬까? / 세금이 너무 많아. / 땅을 빼앗기겠어.

(2) (   )

어휘 더하기

봉기
벌[蜂] + 일어나다[起]

많은 사람이 벌 떼처럼 떼 지어 들고일어남
예 농민들은 더 이상 참지 못하고 봉기를 일으켰다.

> 반란(叛亂)은 왕이나 정부의 입장에서
> 봉기를 일컬을 때 쓰는 말이에요.

02 고려는 어떻게 후삼국을 통일하였을까?

후삼국은 신라, 후백제, 후고구려라고 했지요? 그런데 후삼국을 다시 통일한 나라는 후백제도 후고구려도 아닌 고려였어요.

고려를 세운 왕건은 원래 송악(개성)의 호족 출신이에요. 궁예가 세력을 키우자, 왕건은 스스로 궁예의 신하가 되어 후고구려의 건국을 도왔어요. 그는 후백제와 벌인 여러 전투에서 승리하며 높은 자리에 올랐지요.

그런데 궁예가 신하들과 왕비, 아들들을 의심하여 죽이는 등 실정을 거듭했어요. 이에 신하들이 궁예를 몰아내고 왕건을 왕으로 모셨어요. 왕건은 나라 이름을 고려로 바꾸고, 수도를 송악(개성)으로 옮겨 개경이라고 했어요.

후백제가 신라를 공격하자 고려는 신라를 도와 공산(대구)에서 후백제와 전투를 벌였어요. 하지만 크게 패하고 말았어요. 왕건도 간신히 살아남았지요. 이후 왕건은 군대의 힘을 기르기 위해 노력했어요. 몇 년 뒤 고려군은 고창(안동)에서 후백제군과 다시 맞붙었고, 크게 승리했어요. 이 전투 이후 둘 사이에서 눈치를 보던 많은 호족들이 고려에 항복했어요.

한편 후백제에서는 견훤의 자식들 사이에 왕위 다툼이 일어나, 큰아들이 견훤을 절에 가두어버렸어요. 화가 난 견훤은 도망쳐서 왕건에게 항복했어요. 이 소식을 들은 신라의 왕도 더는 버티기 어렵다고 여겨 스스로 고려에 나라를 넘겨주었어요.

드디어 고려는 후백제와 마지막 결전을 벌였고, 이 전투에서 고려군이 승리를 거두었어요. 후백제가 고려에 항복하면서 고려는 마침내 후삼국 통일을 이루었지요.

낱말 사전

세력
권력이나 기세의 힘

결전
승부를 결정짓는 싸움
또는 결판을 내는 싸움

▲ **경주 포석정지(경북 경주)**
견훤이 이끈 후백제군이 신라를 공격했을 때 신라 왕이 신하들과
함께 머물렀던 곳이다.

1 후삼국 통일 과정에 대한 설명으로 맞으면 ○표, 틀리면 ×표 하세요.

(1) 고려가 신라를 공격하자 후백제는 신라를 도와 고려와 싸웠다. (   )

(2) 고려의 왕건이 후백제를 무너뜨리고 후삼국의 통일을 이루었다. (   )

2 다음 내용의 ☐ 안에 들어갈 알맞은 말을 쓰세요.

(1) ☐☐은 나라 이름을 고려로 바꾸고 수도를 송악(개성)으로 옮겼다.

(2) ☐☐(안동) 전투에서 고려군이 승리한 이후 많은 호족들이 고려에 항복하였다.

3 다음 자료를 보고 (   ) 안에 들어갈 알맞은 말을 쓰세요.

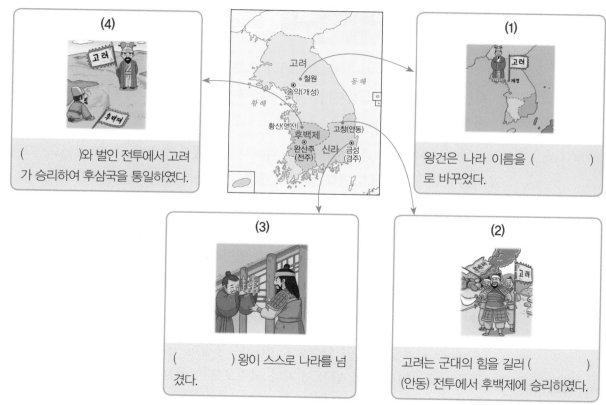

(4) (   )와 벌인 전투에서 고려가 승리하여 후삼국을 통일하였다.

(1) 왕건은 나라 이름을 (   )로 바꾸었다.

(3) (   ) 왕이 스스로 나라를 넘겼다.

(2) 고려는 군대의 힘을 길러 (   ) (안동) 전투에서 후백제에 승리하였다.

어휘 더하기

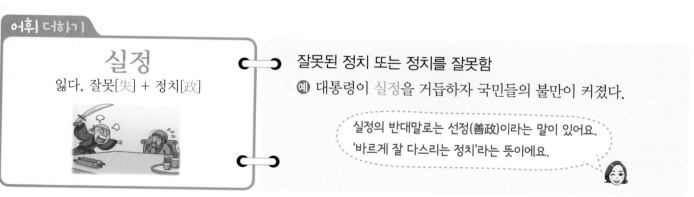

실정
잃다, 잘못[失] + 정치[政]

잘못된 정치 또는 정치를 잘못함

예 대통령이 실정을 거듭하자 국민들의 불만이 커졌다.

실정의 반대말로는 선정(善政)이라는 말이 있어요. '바르게 잘 다스리는 정치'라는 뜻이에요.

16일차 국가 기틀의 마련

01 왕건이 통일의 주인공이 될 수 있었던 까닭은?

아래 사진은 누구의 청동상일까요? 바로 왕건이에요.

◀ **왕건 청동상**
황제의 관을 쓰고 있어 고려가 황제 국가라는 것을 드러내고자 하였음을 알 수 있다. 왕건은 죽은 후 '태조'라고 일컬어졌고 다른 고려 왕들도 '종'으로 끝나는 호칭으로 불렸는데, 이런 호칭도 원래 황제에게 붙일 수 있는 것이었다.

고려를 세웠을 때만 해도 왕건이 후삼국의 통일을 이루리라고 자신 있게 말할 수 있는 사람은 많지 않았어요. 사실 처음에는 후백제 견훤의 힘이 더 강했지요. 그렇다면 왕건은 어떻게 후삼국 통일이라는 큰 업적을 이룰 수 있었던 것일까요?

먼저 왕건이 호족을 통합하기 위해서 노력했다는 점을 들 수 있어요. 그는 호족들을 자기편으로 끌어들이기 위해 힘이 센 호족의 딸들과 결혼하는 정책을 펼쳤어요. 그래서 고향이 각각 다른 부인이 29명이나 되었어요. 한편으로는 호족의 아들들을 수도 개경에 머물게 했어요. 호족이 반란을 일으키면 수도에 머물던 자기 자식의 목숨이 위험해지겠죠? 그래서 호족들은 쉽사리 반란을 일으킬 수 없었어요.

왕건은 백성들의 마음을 얻는 것도 중요하다고 생각하여 백성들이 나라에 내는 세금의 양을 줄여주었어요. 가난한 사람들에게 곡식을 빌려주는 관청도 만들었지요.

그는 불교를 받들어 백성들을 하나로 통합하기 위한 정책도 폈어요. 불교를 국가의 종교로 삼고, 여러 절과 탑을 짓거나 고치도록 했어요. 그러면서도 유교와 풍수지리설 등을 인정하여 다양한 문화가 서로 어우러질 수 있도록 하였어요.

고려라는 나라 이름을 통해 알 수 있듯이 왕건은 고구려를 이었음을 내세웠어요. 옛 고구려 땅을 되찾고자 하는 북진 정책을 펼쳤고, 평양을 서경으로 삼아 중요하게 여겼어요. 거란의 공격으로 발해가 멸망하자 발해 유민들을 받아들이기도 했지요. 이렇게 왕건은 옛 고구려까지 아우르는 진정한 통일을 이루고자 하였어요.

낱말 사전

풍수지리설
지형이나 방향을 인간의 좋은 일, 나쁜 일, 불행, 행복과 관련 지어 나라의 수도나 집, 무덤에 적당한 장소를 찾는 이론이나 주장

서경
고려 시대 3경 중 하나로 오늘날의 평양

1 왕건에 대한 설명으로 맞으면 ○표, 틀리면 ×표 하세요.

(1) 호족의 통합을 위해 결혼 정책을 폈다. ( )

(2) 불교를 국가의 종교로 삼고 다른 종교를 억눌렀다. ( )

(3) 백성들이 나라에 내는 세금의 양을 줄여 주었다. ( )

2 다음 제시된 내용은 왕건의 어떤 정책과 관련된 것인지 □ 안에 알맞은 말을 쓰세요.

| 옛 고구려 땅 | 서경 중시 | 발해 유민 수용 |

➡ □□ 정책

3 다음은 왕건이 펼친 정책을 그림으로 나타낸 것입니다. ( ) 안에 들어갈 알맞은 말을 쓰세요.

(1)

( ) 세력을 통합하고자 그들의 딸들과 결혼하는 정책을 펼쳤다.

(2)

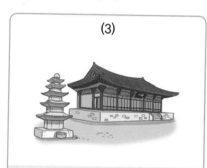

고구려를 이은 나라임을 내세우며 옛 고구려 땅을 되찾고자 하는 ( ) 정책을 펼쳤다.

(3)

( )를 국가의 종교로 삼고, 여러 절과 탑을 짓거나 고치도록 하였다.

 어휘 더하기

북진
북쪽[北] + 나아가다[進]

나라, 군대 등이 북쪽으로 나아감

예 국군의 북진에 통일이 눈앞에 다가온 듯했다.

> 방향과 진(進)이 합쳐져 남진(南進),
> 동진(東進), 서진(西進)이란 말도 쓰여요.

02　고려가 신라와 달랐던 점은?

위 그림은 무엇을 하는 장면일까요? 바로 과거를 치르는 모습을 그린 거예요. 과거는 나랏일을 맡아서 처리할 관리를 뽑는 시험이었지요. 우리나라에서 언제부터 과거를 보기 시작했는지 알고 있나요? 바로 고려 초에 광종이라는 왕 때였어요.

신라 때에는 귀족 중에서도 진골 귀족이 아니면 올라갈 수 있는 관직에 한계가 있었어요. 고려 시대에 들어와서는 힘센 호족 집안 출신이 아니면 높은 관리가 되기 어려웠지요.

광종은 왕권을 강화하고 싶었어요. 그런데 힘센 호족 출신들이 높은 관직을 독차지하고 있어 왕권을 강화하기 어려웠어요. 이때 중국에서 건너온 사람이 과거로 관리를 뽑자고 건의했어요. 광종은 이 건의를 받아들여 우리나라에서 처음으로 과거제를 실시했어요.

과거제 실시로 원칙적으로는 노비와 같은 천민만 아니면 능력에 따라 관리가 될 수 있었고, 높은 관직에 오를 기회가 생겼어요. 과거를 통해 뽑힌 관리는 자신을 뽑아 준 왕에게 충성하였으니 왕권 강화도 이룰 수 있었지요.

또한, 과거 시험에서는 한문으로 글을 짓는 실력이나 유교를 이해하는 능력이 중요했어요. 그러다 보니 유교의 영향력이 커졌어요.

유교가 고려에 탄탄하게 자리 잡을 수 있었던 것은 성종 덕분이었어요. 그는 신하의 건의를 받아들여 유교를 중심으로 나라를 다스리고자 했어요. 유교를 바탕으로 통치 제도를 마련하고, 유교를 가르칠 학교도 만들었어요. 한편으로는 돈이 많이 드는 큰 규모의 불교 행사를 중단하기도 하였지요. 이렇게 유교가 국가의 통치 사상으로 뿌리를 내리게 된 것도 고려에서 나타난 변화였어요.

낱말 사전

관직
관리가 국가의 명령에 따라 책임지고 맡은 일, 또는 그 일을 하는 자리

천민
옛날 신분 사회에서 가장 낮은 신분

통치
나라나 지역을 맡아서 다스림

1 고려의 왕과 그 업적을 바르게 연결하세요.

(1) [성종] ●

(2) [광종] ●

● ㉠ 과거를 처음 실시하여 왕권을 강화하였다.

● ㉡ 유교를 바탕으로 통치 제도를 마련하였다.

2 다음 내용의 □ 안에 들어갈 알맞은 말을 쓰세요.

(1) □□제 실시로 원칙적으로는 천민을 제외하고 능력이 있으면 관리가 될 수 있는 길이 열렸다.

(2) 고려에서는 □□가 국가의 통치 사상으로 뿌리를 내리게 되었다.

3 다음 자료를 참고하여 빈칸 ㉠~㉣에 들어갈 알맞은 말을 쓰세요.

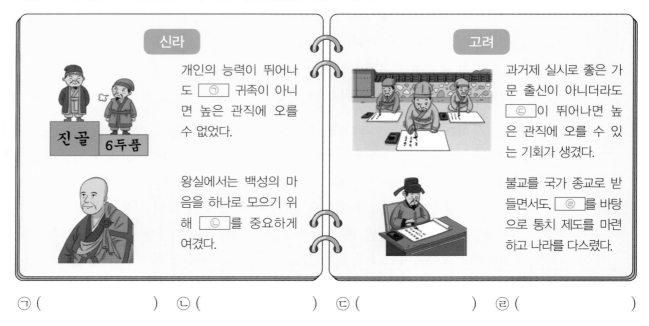

신라

개인의 능력이 뛰어나도 ㉠ 귀족이 아니면 높은 관직에 오를 수 없었다.

왕실에서는 백성의 마음을 하나로 모으기 위해 ㉡를 중요하게 여겼다.

진골 6두품

고려

과거제 실시로 좋은 가문 출신이 아니더라도 ㉢이 뛰어나면 높은 관직에 오를 수 있는 기회가 생겼다.

불교를 국가 종교로 받들면서도, ㉣를 바탕으로 통치 제도를 마련하고 나라를 다스렸다.

㉠ (   )   ㉡ (   )   ㉢ (   )   ㉣ (   )

어휘 더하기

사상

생각[思]+생각[想]

공자   소크라테스

사회, 정치, 인생 등에 대한 일정한 견해나 생각

예 유교 사상은 오늘날에도 우리 사회에 영향을 끼친다.

> 비슷한 뜻을 지닌 말로 이념(理念)이 있어요. '생각할 수 있는 범위 안에서 가장 완전하다고 여겨지는 생각'을 가리키는 말이에요.

17 일차 거란의 침입과 극복

01 서희가 거란의 침입을 막아 낸 비결은?

　　고려는 거란과 사이가 좋지 않았어요. 고구려를 이은 나라라는 뜻의 고려가 옛 고구려 땅을 되찾기 위해 북진 정책을 펼쳤고, 북진 정책을 펼려면 거란과 부딪치지 않을 수 없었거든요. 게다가 거란이 고구려를 이은 발해를 멸망시켰지요. 대신 고려는 바다 건너 송과 가까이 지냈어요.

　　거란은 힘이 강해지자 송과 다투었어요. 거란은 고려가 송과 손잡고 함께 거란 공격에 나설 것을 걱정하여 고려에 침입했어요. 거란이 쳐들어오자 고려 정부는 당황했어요. 거란군이 고려군에 승리를 거두자 더욱 위기감을 느꼈지요. 어떤 관리들은 서경(평양) 북쪽의 땅을 거란에 넘겨주자고 하고, 어떤 관리들은 서경에 있는 식량이 거란군에 넘어가지 않도록 모두 버리자고 했어요. 하지만 서희는 싸워 본 뒤에 의논해도 늦지 않다며 거란과 계속 싸워야 한다고 주장했어요.

　　이런 가운데 고려군이 안융진 전투에서 승리를 거두었어요. 그러자 거란군 장수 소손녕은 항복하라고 위협만 하면서 더는 공격하지 않았어요.

　　서희는 거란이 송과 고려 사이의 친선 관계를 끊기 위해 쳐들어왔음을 알아차리고, 소손녕과 담판을 벌였어요(서희의 담판). 담판에서 서희는 고려가 고구려를 이었으니 옛 고구려 땅을 차지해야 한다고 주장했어요. 또 거란과 가까이 지내지 못하는 것은 여진족이 길을 막았기 때문이라고 했어요. 따라서 옛 고구려 땅인 강동 6주를 고려가 차지하게 해 주면, 여진족을 몰아낸 후 거란과 교류하고 송과는 관계를 끊겠다고 약속했어요. 그 약속을 믿고 거란군이 스스로 돌아갔고, 고려는 강동 6주를 차지할 수 있었어요.

낱말 사전

관리
관직에 있는 사람

담판
어떤 문제를 해결하기 위해 관계되는 양쪽이 서로 의논하여 옳고 그름을 가림

▲ 강동 6주

1 **고려와 거란에 대한 설명으로 맞으면 ○표, 틀리면 ×표 하세요.**

(1) 북진 정책, 발해 멸망 등으로 고려는 거란과 사이가 나빴다.   (   )

(2) 거란은 서경 북쪽의 땅을 정복하기 위해 고려를 침입하였다.   (   )

(3) 서희는 거란과 싸워 본 뒤에 대책을 의논해도 늦지 않다고 주장하였다. (   )

2 **다음 내용의 ☐ 안에 들어갈 알맞은 말을 쓰세요.**

(1) 거란은 고려가 ☐과 손잡고 거란을 공격할 것을 걱정하여 침입하였다.

(2) 서희는 ☐☐ ☐☐를 고려가 차지하게 해 주면 거란과 교류하겠다고 약속하였다.

3 **다음 그림은 고려와 거란 사이의 담판을 나타낸 것입니다. 물음에 답하세요.**

> 너희 나라는 신라 땅에서 일어났고, 고구려 옛 땅은 우리 것이다. 왜 고려가 차지하고 있는가?

> 우리는 ☐ㄱ☐를 이은 나라이기에 나라 이름도 고려라 하였다.

> 우리와 국경을 접하고 있는데, 왜 바다 건너 ☐ㄴ☐과 교류하는가?

> 고려와 거란 사이에 여진이 있어 거란으로 가기가 바다를 건너는 것보다 어렵다. 여진을 쫓아내고 우리의 옛 영토를 돌려준다면 어찌 거란과 교류하지 않겠는가?

(1) 고려를 대표하여 나온 오른쪽 인물의 이름을 쓰세요.   (   )

(2) 빈칸 ㄱ, ㄴ에 들어갈 알맞은 나라 이름을 쓰세요.   ㄱ (   )   ㄴ (   )

교류

사귀다[交]+흐르다[流]

문화나 사상 등의 성과나 경험 등을 나라, 지역, 개인 사이에 서로 주고받음

예 중국과 우리나라는 오랫동안 교류를 이어 왔다.

> '물건을 사고팔며 서로 바꾸는 것'을 따로 구별하여 일컬을 때는 교역(交易)이라는 말을 써요.

02 강감찬은 어떻게 거란군을 무찔렀을까?

고려는 송과 관계를 끊겠다고 한 거란과의 약속을 지키지 않았어요. 그래서 거란이 다시 쳐들어왔어요. 두 번째 침입 때는 개경(개성)을 빼앗겨 왕이 피난 가는 등 큰 어려움을 겪었어요. 하지만 고려는 돌아가는 거란군을 공격하여 큰 피해를 입혔어요.

이후에도 거란은 강동 6주를 돌려달라고 요구했어요. 그러나 고려가 강동 6주를 돌려줄 리는 없었죠. 그러자 거란군 10만 명이 쳐들어왔어요. 이미 고려는 거란의 세 번째 침입을 예상하여 군사를 훈련하고 전쟁에 필요한 물자를 준비했어요. 이때 거란군에 맞서 고려군을 지휘한 사람이 바로 강감찬이에요.

거란군이 쳐들어오는 길목에 흥화진이라는 곳이 있었어요. 강감찬은 그곳 산골짜기에 군사들을 숨어 있게 하고, 소가죽으로 냇물을 막게 했어요. 그리고는 거란군이 건널 때 막아 둔 냇물을 터뜨렸지요. 거란군은 큰 혼란에 빠졌고, 이 틈을 타 고려군이 공격하여 크게 승리했어요.

거란군은 고려군에 패배하면서도 개경 가까이까지 왔어요. 고려는 개경 주위의 사람들을 모두 성 안으로 들여보내고, 들판의 곡식을 모두 없애버렸어요. 거란군은 개경의 방어가 튼튼하여 공격하기 어려움을 알고 돌아갔지요.

강감찬이 이끄는 고려군은 돌아가는 거란군을 귀주에서 공격했어요. 쉽게 승부가 결정 나지 않는 상황에서 개경에서 온 지원군이 도착했어요. 이때 갑자기 바람의 방향이 바뀌어 거란군을 향해 거센 비바람이 몰아쳤어요. 고려군은 기회를 놓치지 않고 세차게 거란군을 공격했어요. 살아 돌아간 거란군이 겨우 수천 명밖에 되지 않을 정도로 고려군은 큰 승리를 거두었어요. 이 전투를 귀주 대첩이라고 해요.

귀주 대첩으로 거란이 입은 피해가 너무나 컸기에, 이후 거란은 고려에 침입할 수 없었어요. 고려는 국제적 지위가 높아졌고, 송, 거란과 평화로운 관계를 유지하며 교류했어요. 이후 고려는 천리장성을 쌓는 등 외적 침입에 대비하는 일에도 꾸준히 노력을 기울였어요.

낱말 사전

피난
재난을 피하여 멀리 옮겨 감

물자
어떤 활동에 필요한 여러 가지 물건이나 재료

지위
어떤 단체나 사회 안에서, 또는 나라 사이에서 차지하는 위치

강감찬의귀주대첩 General Kang Kam-chan's Great Victory at Kyiju

귀주 대첩을 그린 그림으로 만든 우표 ▶

1 거란의 침입과 극복에 대한 설명으로 맞으면 ○표, 틀리면 ×표 하세요.

(1) 강감찬은 귀주 대첩에서 냇물을 막았다 터뜨리게 하여 크게 승리했다. (   )

(2) 거란의 세 번째 침입 때 고려는 개경을 빼앗겨 왕이 피난 가야 했다. (   )

(3) 귀주 대첩 이후 거란은 고려에 쳐들어올 엄두를 내지 못했다. (   )

2 다음 글자 중에서 거란의 침입을 막아 내는 데 큰 공을 세운 두 인물의 이름을 찾아 쓰세요.

> 윤   서   예   강   감   건   찬   궁   소   희

(,   )

3 다음은 고려 시대 사람의 가상 SNS 프로필과 게시물입니다. 물음에 답하세요.

* 이름: ㉠

* 별명(닉네임): 거란에겐 저승사자

* 자기 소개: 고려군 사령관, 거란을 정말 싫어함

> ㉡ 1018년 12월 10일(음력)
> 거란군이 쳐들어오는 길목인 흥화진에 군사들을 숨겨 두고, 소가죽으로 ㉡ 을 막았다가 거란군이 내를 건널 때 터뜨렸다. 당황해서 어쩔 줄 모르는 거란군을 공격하여 크게 승리했다. 아~ 나는 정말 똑똑한 것 같아!
>
> ㉢ 1019년 2월 1일(음력)
> 돌아가는 거란군을 ㉢ 에서 공격했다. 처음에는 서로 팽팽하게 맞섰는데, 개경에서 지원군이 도착했을 때 거란군을 향해 거센 비바람이 몰아쳐 우리가 대승을 거두었다. 이런 적이 없었는데, 거란에 이렇게 크게 이기니 너무너무 기분이 좋다.

(1) 빈칸 ㉠에 들어갈 인물의 이름을 쓰세요. (   )

(2) 빈칸 ㉡, ㉢에 들어갈 알맞은 말을 쓰세요. ㉡ (   ) ㉢ (   )

어휘 더하기

대첩
크다[大]+이기다[捷]

크게 이긴 싸움, 또는 싸움에서 크게 이김
㉮ 살수 대첩에서 크게 패한 수는 결국 반란이 일어나 망하고 말았다.

> 비슷한 말로 싸움이나 경기에서 크게
> 이겼을 때 쓰는 대승(大勝)이 있어요.

18일차 세계 속의 고려

01 우리나라를 왜 '코리아'라고 부르게 되었을까?

우리나라를 영어로 뭐라고 부르는지 아나요? '코리아'라고 하죠. 그 코리아가 바로 고려에서 나온 이름이에요. 어떻게 고려가 외국에서 우리나라를 대표하는 이름이 되었을까요?

고려 시대에는 주변 나라들과 활발하게 교류했어요. 송과 가장 활발하게 교류하였고, 거란, 여진, 일본과도 교류했지요. 교류는 주로 바닷길을 통해서 이루어졌어요.

외국에서 온 상인들이 물건을 많이 팔려면 어디로 가야 했을까요? 당시에 외국에서 들여온 물건은 비쌌어요. 그런 비싼 물건을 살 수 있는 사람들은 주로 수도인 개경에 많이 살았죠. 그래서 개경의 서쪽 예성강 하류에 있던 벽란도가 가장 큰 항구로 발달했어요. 벽란도라고 하니 섬이라고 생각할 수 있는데, '도'는 항구라는 뜻이에요.

벽란도에는 고려의 주변 나라뿐만 아니라 멀리 아라비아 상인들도 드나들었어요. 아라비아 상인들이 직접 오지 못한 경우에는 송 상인을 통해 고려 물건을 사 갔어요. 이들을 통해 고려라는 이름이 서양 세계에 알려졌어요. 그 이름이 영국까지 전해져 '코리아'라고 일컫게 된 것이지요.

낱말 사전

포목
옷감이나 이불감으로 쓰는 천

모피
털가죽

문방구
종이, 붓, 먹 등 문서를 다룰 때 필요한 도구

약재
약을 짓는 데 쓰는 재료

향료
후추처럼 좋은 냄새나 매운맛을 내는 데 쓰이는 것

유황
설사약 등에 쓰이는 약재

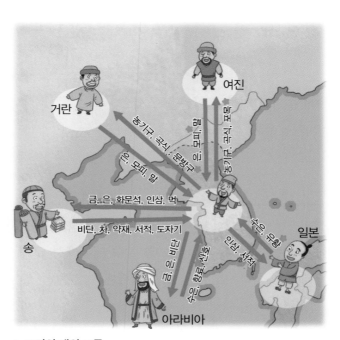

▲ 고려의 대외 교류

정답과 해설 **149**쪽

1 고려의 대외 교류에 대한 설명으로 맞으면 ○표, 틀리면 ×표 하세요.

(1) 고려는 여진과 서로 교류하지 않았다. ( )

(2) 고려에 온 외국 상인 중에는 아라비아에서 온 사람들도 있었다. ( )

(3) 우리나라를 일컫는 '코리아'라는 말은 고려에서 비롯된 것이다. ( )

2 다음 내용의 □ 안에 들어갈 알맞은 말을 쓰세요.

(1) 고려는 □과 가장 활발하게 교류하였다.

(2) 고려 시대에는 주로 □□길을 이용하여 다른 나라와 교류하였다.

(3) 고려에서 가장 큰 항구는 개경 가까이에 있던 □□□였다.

3 외국인들이 말하는 내용을 보고 그들의 나라 또는 지역을 〈보기〉에서 골라 기호를 쓰세요.

보기
㉠ 송 ㉡ 일본 ㉢ 거란 ㉣ 아라비아

고려에서 들여온 농기구 덕분에 농사를 잘 지었어요. 우리가 보낸 털가죽으로 옷을 만드니 따뜻하죠?

역시 고려 인삼은 품질이 훌륭해 사람들이 너무 좋아해요. 우리 비단과 차, 도자기도 인기가 좋지요?

우리가 가져온 후추는 없어서 못 팔 정도로 인기 폭발이네요. 품질 좋은 고려의 금과 비단을 많이 가져갈 수 있겠어요.

품질 좋은 고려 인삼을 꼭 사고 싶어요. 그 대신에 수은과 유황을 드릴게요.

(1) ( ) (2) ( ) (3) ( ) (4) ( )

어휘 더하기

항구

항구[港]+입[口]

배가 안전하게 드나들고 사람이나 짐을 오르내리기 편리하게 만들어 육상 교통과 수상 교통을 잇는 곳

예 부산은 매우 중요한 항구 도시이다.

비행기가 뜨고 내리는 공항(空港)은 하늘의 항구라는 뜻이에요.

02 개경은 어떤 모습이었을까?

왕건은 왜 개경(개성)을 수도로 삼았을까요? 우선 개경은 왕건의 고향이었기 때문에 왕건이 왕권을 다지고 나라를 안정시키기에 유리했어요. 또 신라의 수도 금성(경주)이 동남쪽으로 치우친 데 비해서 개경은 나라의 중앙에 있었으므로 국가 통치에도 유리했지요. 주위에 산들이 둘러싸여 있어 외적의 공격을 막아 내기에 유리하다는 장점도 있었어요. 큰 강들이 주위에 있어 물건을 나르기 좋고, 지방에서 세금으로 거두어들인 곡식을 실어 오기에도 좋았죠.

개경에 있던 고려 궁궐은 없어졌고, 지금은 궁궐터인 만월대만 남아 있어요. 궁궐이 아주 넓지는 않았지만, 비탈진 지형에 맞춘 계단식 건물 배치로 매우 웅장한 느낌을 주었다고 해요.

불교를 높이 받들었던 고려 시대에는 절에서 조상을 위한 제사를 올리고 장례를 치렀어요. 그래서 개경에는 수백 개의 절이 있었어요. 건물이 1,000채가 넘는 아주 큰 절도 여럿 있었어요. 왕들은 돌아가신 부모나 자신이 죽은 뒤의 명복을 빌기 위해 절을 짓기도 했어요. 이런 절은 대부분 규모가 매우 컸어요.

개경 안에는 남북 방향과 동서 방향으로 두 개의 큰 도로가 있어 십자(十) 모양으로 만났어요. 남쪽 방향 큰길(남대가)과 십자 거리(십자가) 주위에는 가게들이 많이 들어서 시장을 이루었어요. 경제적으로 여유 있는 사람들이 많이 살고 있었기에 개경의 시장은 매우 활기찼어요. 가게에 물건을 늘어놓으면 사람들이 구름 떼처럼 몰렸다고 해요.

낱말 사전

웅장하다
크고 으리으리하다.

명복
죽은 뒤 저승에서 받는 복

규모
어떤 물건 또는 일의 크기나 범위

▲ 고려 궁궐 복원 모형
만월대란 명칭은 조선 시대에 고려 왕궁터에 붙인 이름이다.

▲ 개경 거리

1 개경에 대한 설명으로 맞으면 ○표, 틀리면 ×표 하세요.

(1) 개경에 있던 고려 궁궐의 이름은 만월대였다. ( )

(2) 고려 시대에는 절에서 조상을 위한 제사를 올렸다. ( )

(3) 개경의 시장은 활기찼으며 물건을 사려는 사람들이 많이 모여들었다. ( )

2 서로 관련 있는 것을 바르게 연결하세요.

(1) 개경의 남쪽 방향 큰길과 십자 거리 주위에 있었다. ● | ● ㉠ | 절

(2) 비탈진 지형에 맞춰 계단식으로 건물을 배치하였다. ● | ● ㉡ | 고려 궁궐

(3) 왕들이 부모나 자신의 명복을 빌기 위해 짓기도 하였다. ● | ● ㉢ | 시장

3 빈칸 ㉠~㉣에 들어갈 알맞은 말을 쓰세요.

㉠ ☐☐의 고향이었기 때문에 왕권을 다지고 나라를 안정시키기에 유리했어요.

개경을 고려의 수도로 삼은 이유를 말해 볼까요?

주위에 ㉢☐들이 둘러싸여 있어 외적의 공격을 막아 내기 좋았어요.

나라의 ㉡☐☐에 있어서 국가 통치에 유리했어요.

큰 강들이 주위에 있어 물건을 나르거나 지방에서 세금으로 거두어들인 ㉣☐☐을 실어 오기에 좋았어요.

어휘 더하기

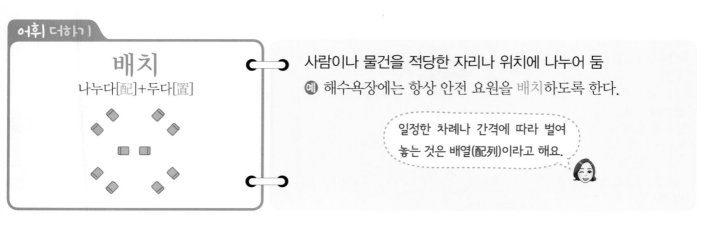

배치
나누다[配]+두다[置]

사람이나 물건을 적당한 자리나 위치에 나누어 둠

예 해수욕장에는 항상 안전 요원을 배치하도록 한다.

일정한 차례나 간격에 따라 벌여 놓는 것은 배열(配列)이라고 해요.

19일차 몽골의 침입과 대응

01 고려가 수도를 강화도로 옮긴 이유는?

아래 사진의 장소가 어디인지 알고 있나요? 강화도에 있는 고려의 궁궐터에요. 고려의 수도는 개경이었는데, 왜 강화도에도 궁궐을 지었을까요? 그 이유를 알기 위해서는 당시 세계에 큰 영향을 끼친 몽골에 대해 살펴보아야 해요.

몽골족은 중국의 북쪽 들판에서 풀이 많은 곳을 오가며 가축을 키우는 생활을 하던 사람들이에요. 몽골은 여러 부족으로 나뉘어 있었는데, 칭기즈 칸이 나타나 통일을 이루었어요. 통일 후 힘이 매우 강해진 몽골은 다른 나라를 공격했어요. 말을 타고 싸우는 능력이 뛰어난 몽골군은 천하무적이어서 멀리 유럽까지 쳐들어갔어요.

몽골은 고려에도 사신을 보내 공물로 많은 물건을 바치라며 괴롭혔어요. 그러던 중 고려에 왔던 몽골 사신이 돌아가는 길에 죽임을 당하는 일이 벌어졌어요. 몽골은 이를 구실로 고려에 쳐들어왔어요.

몽골이 침입하기 60여 년 전 고려에서는 무신들이 반란을 일으켜 권력을 쥐었어요. 왕이 있기는 했지만 힘이 약했지요. 몽골 침입 때는 최우라는 무신이 권력을 잡고 있었어요. 몽골군이 개경을 에워싸자 최우는 서둘러 몽골과 타협했어요.

하지만 몽골의 간섭으로 자신의 권력이 무너질 수 있다고 여긴 최우는 몽골과 싸우기로 결정하고 수도를 강화도로 옮기기로 했어요. 몽골군이 물에서 잘 싸우지 못한다는 약점을 이용하기로 한 것이죠. 지금은 강화도가 육지와 다리로 연결되어 있지만, 그때는 물살이 센 바다를 배로 건너가야 했거든요.

왕과 귀족들은 강화도로 옮겨 갔고, 강화도에 궁궐을 새로 지었어요. 하지만 육지의 많은 백성은 계속된 몽골의 침입으로 큰 고통을 겪어야 했지요.

낱말 사전

천하무적
세상에 겨룰 만한 상대가 없음

사신
임금이나 국가의 명령을 받고 외국에 사절로 가는 신하

타협
서로에게 좋도록 함께 의논함

▲ 고려 시대의 강화도

▲ 강화 고려궁지(인천 강화)

스토리 씽킹

1 **고려의 종교와 문화에 대한 설명으로 맞으면 ○표, 틀리면 ×표 하세요.**

(1) 팔관회는 연등이라는 등불을 곳곳에 밝히는 행사였다.　　　　(　　　　)

(2) 고려 불상은 지역마다 다양하게 만들어졌다는 특징이 있다.　(　　　　)

(3) 고려 시대에는 절에서 종이, 기와, 차를 만들어 팔았다.　　　(　　　　)

2 **다음 내용의 □ 안에 들어갈 알맞은 말을 쓰세요.**

(1) 고려 시대 사람들이 가장 많이 믿은 종교는 □□였다.

(2) 고려 시대에는 인체 균형을 무시하고 불상을 크게 만들거나 □로 불상을 만들기도 하였다.

(3) 고려 시대에는 □이 종교 중심지뿐만 아니라 경제 중심지의 역할도 하였다.

3 **다음 그림을 보고 (　　　) 안에 들어갈 알맞은 말을 쓰세요.**

(1) 고려 시대에는 (　　　　)와 팔관회가 국가의 가장 큰 행사였다.

(2) 고려 시대에 만든 논산 (　　　　) 석조 미륵보살 입상은 우리나라에 남아 있는 가장 큰 석조 불상이다.

(3) 이처럼 고려 시대에는 (　　　　)가 사회와 예술에 큰 영향을 끼쳤음을 알 수 있다.

어휘 더하기

입상
서다[立] + 형상[像]

서 있는 모습의 조각상

예 광화문 네거리의 이순신 입상은 매우 늠름한 모습이다.

앉아 있는 모습의 조각상은 좌상(坐像)이라고 해요.

02 고려 시대에 청자가 발달한 까닭은?

▲ 청자 상감 운학무늬 매병

▲ 청자 상감 모란 구름 학무늬 베개

위 사진과 같은 도자기를 무엇이라고 부르는지 알고 있나요? 이런 도자기를 청자라고 해요. 청자는 원래 중국에서 만들기 시작했지만, 고려에서 그 기술이 더욱 발달했어요. 중국 송나라 사람이 '고려의 푸른빛은 천하제일'이라고 할 정도로 고려청자는 매우 아름다웠어요.

고려청자는 상감법의 개발로 한층 더 발전했어요. 상감은 원래 금속에 무늬를 새기고 금, 은 등의 다른 재료를 넣어 장식하는 방법이에요. 고려의 도자기 기술자들은 이 방법을 도자기에 적용하여 고려만의 독특한 청자를 만들어 냈어요.

먼저 도자기 겉면에 구름, 학, 연꽃, 모란 등의 무늬를 그려서 파내요. 그리고 흰 흙을 바른 후 긁어내면 파낸 부분에 흰 흙이 들어가게 되죠. 한 번 더 무늬를 그려 파내고 붉은 흙을 바른 후 긁어내요. 그런 다음 유약을 발라 구웠는데, 이렇게 만든 도자기를 상감 청자라고 불렀어요.

청자 제작에는 끈끈한 성질이 있고 높은 온도를 견디며 원하는 색을 얻을 수 있는 흙을 써야 했어요. 청자를 구울 때 1,300℃의 높은 온도를 유지하는 기술과 좋은 유약을 만드는 기술도 필요했어요. 이처럼 고려청자를 만드는 것은 어려운 일이었어요.

청자는 만들기가 어렵고 값이 비싸서 아무나 사용할 수는 없었어요. 주로 왕실과 귀족들이 청자를 사용했지요. 고려 귀족들은 청자를 좋아해서 다양한 쓰임새로 사용했어요. 주전자, 의자, 베개, 꽃병 등은 물론이고 기와, 변기, 침 뱉는 그릇으로까지 사용되었어요. 이렇게 청자를 사랑하는 귀족들이 있었기에 고려에서 상감 청자와 같은 독특한 청자를 개발할 수 있었던 것이죠.

낱말 사전
운학
구름 속의 학
매병
입구는 좁고 어깨는 넓으며 밑이 홀쭉하게 생긴 병
청자
푸른 빛이 나는 도자기
유약
도자기를 구울 때 그 겉면에 바르는 약. 도자기에 액체나 기체가 스며들지 못하게 하며, 빛을 반사하여 겉면이 반짝거리게 함

1 고려청자에 대한 설명으로 맞으면 ○표, 틀리면 ×표 하세요.

(1) 상감은 원래 금속에 무늬를 새기고 금, 은으로 장식할 때 쓰는 방법이다. (   )

(2) 고려 사람들은 귀족에서 백성에 이르기까지 대부분 청자를 사용하였다. (   )

2 청자의 쓰임새를 생각하여 ☐ 안에 들어갈 알맞은 말을 〈보기〉에서 찾아 쓰세요.

> **보기**
> 기와
> 변기
> 의자

(1) 청자 투각 고리무늬 ☐☐

(2) 청자 배 모양 ☐☐

(3) 청자 ☐☐

3 다음은 청자를 만드는 과정을 나타낸 것입니다. 그림을 보고 물음에 답하세요.

㉠ 무늬를 그리고 파낸다.

㉡ 붉은 흙을 바른 후 긁어낸다.

㉢ 한 번 더 무늬를 그리고 파낸다.

㉣ 유약을 발라 가마에 굽는다.

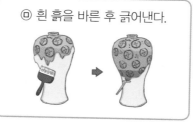
㉤ 흰 흙을 바른 후 긁어낸다.

(1) ㉠~㉤을 청자 만드는 순서대로 쓰세요. (   )

(2) 이런 과정을 거쳐 만든 청자를 가리키는 말을 쓰세요. (   )

어휘 더하기

개발
열다[開] + 피다[發]

새로운 물건을 만들거나 새로운 생각을 내어놓음, 혹은 땅이나 자원 등을 쓸모 있게 만듦

예 우리 연구소에서는 실제 생활에서 쓸 수 있는 로봇을 개발하고 있다.

> 재능이나 정신 등을 일깨워 준다는 뜻으로 쓸 때는 계발(啓發)이라는 말을 써요.

21일차 인쇄술의 발달

01 고려 사람들은 왜 팔만대장경을 만들었을까?

◀ **합천 해인사 대장경판**
양면에 글자가 새겨져 있으며, 나무가 뒤틀리지 않도록 양쪽 귀퉁이에 구리판을 붙였다.

위 사진은 무엇을 찍은 것일까요? 팔만대장경을 인쇄하기 위해 만들어진 것으로, 대장경을 나무 판에 새긴 경판(대장경판)이에요.

고려 사람들은 대부분 불교를 믿었어요. 그래서 고려 사람들은 외적 침입과 같은 큰일이 생기면 부처의 힘을 빌려 어려움을 이겨 내려고 했어요. 부처에게 맨손으로 그냥 도와달라고 할 수는 없겠죠? 그래서 부처를 받드는 마음을 모아 대장경을 만들었어요.

고려에서는 거란의 침입을 이겨 내기 위해 처음 대장경을 만들었는데, 몽골 침입 때 불타 없어졌어요. 몽골의 침입은 거란보다 더 거셌지요. 그래서 고려 사람들은 더 많은 불교 경전을 모아 다시 대장경을 만들기로 했어요.

새로 만든 대장경은 경판의 숫자가 8만 장이 넘어 팔만대장경이라고 불려요. 16년에 걸쳐 만들었고, 경판을 쌓으면 백두산보다 높다고 해요. 그렇게 내용이 많은데도 틀리거나 빠진 글자가 거의 없다고 하니 정말 놀랍지 않을 수 없어요.

지금까지 경판을 보존한 기술도 놀라워요. 팔만대장경의 경판은 해인사 장경판전이라는 조선 시대에 만들어진 건물에 보관했어요. 바람이 잘 통하고 습도를 잘 조절하도록 건물을 만들어서, 몇 백 년에 걸친 시간 동안 아무 탈 없이 보존하고 있어요.

낱말 사전

대장경
부처의 가르침이 담긴 불교 경전을 모아 놓은 것

경전
종교의 기본 이론이 담긴 책

습도
공기 가운데 수증기가 들어 있는 정도

횟가루
석회석에 열을 가해 얻는 가루로 공기 중의 수증기를 흡수함

◀ **합천 해인사 장경판전의 바깥(왼쪽)과 안(오른쪽)**
바람이 잘 통하도록 창을 냈고, 습도를 조절하도록 안쪽 바닥에 숯, 횟가루, 소금, 모래를 넣었다.

1 고려 목판 인쇄술의 발달에 대한 설명으로 맞으면 ○표, 틀리면 ×표 하세요.

(1) 고려 사람들은 대장경을 만들어 외적의 침입을 막고자 하였다. (　　　　)

(2) 팔만대장경은 고려에서 처음 만들어진 대장경이다. (　　　　)

(3) 경판 숫자가 8만 장이 넘어 팔만대장경이라는 이름으로 불린다. (　　　　)

2 다음 내용의 □ 안에 들어갈 알맞은 말을 쓰세요.

(1) 팔만대장경을 통해 □□가 고려 사회에 얼마나 큰 영향을 주었는지 알 수 있다.

(2) 고려 사람들이 처음 대장경을 만든 것은 □□의 침입을 이겨 내기 위해서였다.

(3) 팔만대장경의 경판을 보관하는 건물의 이름은 해인사에 있는 □□□□□이다.

3 다음 사진을 보고 물음에 알맞은 말을 (　　　) 안에 쓰세요.

(1)

이 대장경판을 만든 이유는 무엇인가요?

➡ 부처의 힘을 빌려 (　　　　)의 침입을 이겨 내기 위해서였다.

(2)

이 건물에서 오랫동안 대장경판을 잘 보관할 수 있었던 까닭은 무엇인가요?

➡ 바람이 잘 통하고, (　　　　)를 잘 조절하도록 건물을 지었기 때문이다.

어휘 더하기

보존
지키다[保]+있다[存]

잘 관리하여 남아 있게 함

예 숲을 잘 보존해야 인간이 살아남을 수 있다.

비슷한 말로 원래대로 고스란히 보호하여
유지한다는 뜻의 보전(保全)이 있어요.

02 고려 사람들이 세계 최초로 발명한 것은?

우리가 앞에서 본 팔만대장경은 나무 판에 글자를 새겨 책을 인쇄하지요. 이렇게 인쇄를 하는 기술을 목판 인쇄술이라고 해요. 팔만대장경에서 보았듯이 고려의 목판 인쇄술은 매우 뛰어난 수준이었어요.

그런데 목판 인쇄에는 몇 가지 문제가 있었어요. 같은 책을 많이 인쇄할 때는 목판 인쇄가 더 좋지만, 조금씩 인쇄할 때는 목판을 새기는 데 비용이 부담스러웠어요. 글자가 하나만 틀려도 목판 전체를 다시 만들어야 하는 경우도 있었지요. 또 목판은 갈라지고 닳기 때문에 보관하기도 쉽지 않았어요.

이런 문제를 해결하기 위해 고려의 인쇄 기술자들은 금속 활자로 책을 인쇄하는 방법을 연구했어요. 금속으로 활자를 만들면 인쇄판에 활자를 고정하여 책을 인쇄한 다음, 그 활자들을 다르게 배치하여 다른 책을 인쇄할 수 있었어요. 따라서 금속 활자는 한 번 만들면 오랫동안 여러 책을 인쇄할 수 있지요.

그렇지만 금속 활자를 만들어 책을 인쇄하기 위해서는 높은 온도에서 금속을 다루는 기술, 활자를 인쇄판에 고정하는 기술이 필요했어요. 금속에 먹이 잘 묻지 않기 때문에 금속 활자에 맞는 먹도 개발해야 했지요. 종이가 찢어지기 쉬워 질긴 종이도 필요했어요.

고려의 인쇄 기술자들은 이런 어려움을 모두 이겨 내고 세계 최초로 금속 활자 인쇄술을 발명했어요. 『직지심체요절』이라는 책이 프랑스 국립 도서관에 남아 있어, 세계 최초로 고려에서 금속 활자로 책을 인쇄했음을 알려 주고 있어요.

고려에서 금속 활자 인쇄술을 발명했지만, 금속 활자로 책을 많이 인쇄하지는 않았어요. 그래서 금속 활자 인쇄술이 고려 사회의 변화에 큰 영향을 끼치지는 못했어요.

낱말 사전

금속 활자
인쇄를 하기 위해 사각기둥 모양의 금속 윗면에 문자나 기호를 볼록 튀어나오게 만든 것

먹
벼루에 물을 붓고 갈아서 글씨를 쓰거나 그림을 그릴 때 사용하는 검은 물감

▲ 『직지심체요절』
1377년 청주 흥덕사에서 인쇄한 책으로, 유럽에서 만든 금속 활자로 인쇄한 책보다 70년 이상 앞서 만들어졌다.

1 고려의 인쇄술에 대한 설명으로 맞으면 ○표, 틀리면 ×표 하세요.

(1) 목판 인쇄술은 여러 종류의 책을 조금씩 인쇄할 때 좋은 방법이다. (   )

(2) 세계 최초로 고려에서 금속 활자를 만들어 책을 인쇄하였다. (   )

(3) 금속 활자 인쇄술의 발달은 고려 사회의 변화에 큰 영향을 끼쳤다. (   )

2 다음 내용이 목판 인쇄술에 해당하면 '목', 금속 활자 인쇄술에 해당하면 '금'이라고 쓰세요.

(1) 글자가 하나만 틀려도 전체를 다시 만들어야 하는 경우가 있다. (   )

(2) 종이가 찢어지기 쉬워 질긴 종이를 사용해야 한다. (   )

(3) 같은 글자를 다르게 배치하여 여러 책을 인쇄할 수 있다. (   )

3 퀴즈 대회에 나간 수한이가 다음과 같이 답을 썼어요. 수한이의 점수는 몇 점일까요? (   )점

	문제	점수	수한이의 답
	• 이 책의 이름은 무엇인지 쓰세요.	10	직지심체요절
	• 이 책은 목판 인쇄술로 인쇄한 책이다.(맞으면 ○표, 틀리면 ×표)	5	○
	• 이 책을 현재 보관하고 있는 나라는 어디인지 쓰세요.	5	미국

어휘 더하기

인쇄
찍다[印] + 박다[刷]

글, 그림 등을 주로 잉크를 사용하여 종이나 천 등의 면에 박아 냄
예 그동안 우리가 함께 노력하여 작성한 글을 인쇄에 넘겼다.

책 등을 인쇄하여 펴낸다는 뜻의
간행(刊行)이라는 말도 있어요.

22 일차 | 실전 문제

1 다음에서 설명하는 세력을 무엇이라고 하는지 쓰세요.

> • 신라 말 지방에서 나타났다.
> • 왕의 힘이 약해지자 힘을 키웠다.
> • 각자 성을 쌓고 군대를 길러 그 지역을 다스렸다.

(　　　　　　)

2 (가)~(다)를 일어난 순서대로 옳게 나열한 것은 무엇인가요? (　　　)

(가)	(나)	(다)

▲ 신라 항복	▲ 고려 건국	▲ 후백제 멸망

① (가)-(나)-(다)　② (가)-(다)-(나)
③ (나)-(가)-(다)　④ (나)-(다)-(가)
⑤ (다)-(나)-(가)

3 다음 가상 인터뷰에 등장하는 왕의 이름을 쓰세요.

그동안 고려의 왕으로서 어떤 일을 하셨나요?

우리나라에서 처음으로 과거제를 실시하여 왕권을 강화했지요.

(　　　　　　)

4 다음 인물의 업적으로 옳은 것은 무엇인가요? (　　　)

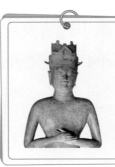

> • 송악(개성)의 호족 출신이다.
> • 고려를 세웠다.
> • 후삼국을 통일했다.

① 골품제를 실시하였다.
② 한양으로 수도를 옮겼다.
③ 호족의 딸들과 결혼하는 정책을 폈다.
④ 유교를 바탕으로 통치 제도를 마련하였다.
⑤ 불교를 국가의 종교로 삼고 전통 신앙을 억눌렀다.

5 고려가 지도에 ◯ 표시된 지역까지 영토를 넓히는 데 큰 역할을 한 인물은 누구인가요? (　　　)

① 성종
② 서희
③ 최우
④ 강감찬
⑤ 김윤후

6 다음 상인은 어느 나라에서 왔는지 쓰세요.

고려 인삼은 품질이 훌륭해 우리나라 사람들에게 아주 인기가 많아요. 우리 비단과 차, 도자기도 고려 사람들에게 인기 있는 물건이지요.

(　　　　　　)

7 다음 가상 신문의 빈칸에 들어갈 나라는 어디인가요?
( )

제○○호 ○○ **신문** 1019년 2월 1일(음력)

우리 군대가 귀주에서 대승

강감찬 장군이 이끄는 우리 군대가 귀주에서 □□□군을 공격하여 크게 승리하였다. 처음에는 양쪽 군대가 서로 팽팽하게 맞서 쉽게 승부가 나지 않았는데, 개경에서 지원군이 도착했을 때 적군을 향해 거센 바람이 불었다. 우리 군대가 기회를 놓치지 않고 세차게 공격하여 살아 돌아간 적군이 겨우 수천 명이었다.

① 송 ② 여진 ③ 일본
④ 거란 ⑤ 몽골

8 다음 대화에 해당하는 지역은 지도의 (가)~(마) 중 어디인가요? ( )

예성강 하류에 있던 항구야.

외국에서 온 상인들이 많이 드나들었지.

아라비아 상인들도 드나들었어.

① (가) ② (나) ③ (다)
④ (라) ⑤ (마)

9 선생님의 질문에 대한 학생의 대답으로 옳지 <u>않은</u> 것은 무엇인가요? ( )

고려가 지도와 같은 개경을 수도로 삼은 이유를 말해 볼까요?

① 나라의 중앙에 있어서 국가 통치에 유리했어요.
② 송, 일본 등 외국 상인들이 드나드는 항구 도시였어요.
③ 왕건의 고향이었기 때문에 나라를 안정시키기에 유리했어요.
④ 주위에 산들이 둘러싸여 있어 외적의 공격을 막아 내기 유리했어요.
⑤ 큰 강들이 주위에 있어 지방에서 세금으로 거둔 곡식을 실어 오기에 좋았어요.

10 고려의 무신 정권이 지도와 같이 결정한 이유는 무엇인가요? ( )

① 중국과 교류 ② 여진족 방어
③ 왜구의 침입 ④ 거란의 공격
⑤ 몽골과의 전쟁

11 지도에서 (가)에 해당하는 것은 무엇인지 쓰세요.

(   )

12 조사 보고서의 (가)에 들어갈 내용으로 옳은 것은 무엇인가요? (   )

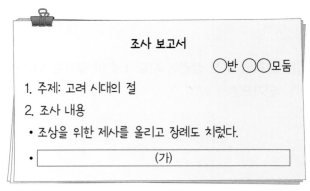

① 복잡한 도시를 피하여 산기슭에 세웠다.
② 부처님의 뜻을 따라 큰 절은 짓지 않았다.
③ 종교적 장소이자 경제 중심지이기도 하였다.
④ 대표적인 절로 황룡사와 석굴암을 들 수 있다.
⑤ 전통 신앙을 바탕으로 하는 팔관회를 멀리하였다.

13 다음은 어떤 문화재에 대한 대화인가요? (   )

이것은 왜 만든 거야?

부처의 힘을 빌려 몽골의 침입을 이겨 내기 위해서 만들었어.

경판 숫자가 8만 장이 넘고 틀리거나 빠진 글자가 거의 없대.

① 상감 청자
② 팔만대장경
③ 금동 대향로
④ 직지심체요절
⑤ 관촉사 석조 미륵보살 입상

14 다음 검색창에 입력한 책 이름은 무엇인지 쓰세요.

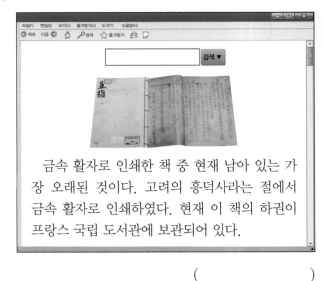

금속 활자로 인쇄한 책 중 현재 남아 있는 가장 오래된 것이다. 고려의 흥덕사라는 절에서 금속 활자로 인쇄하였다. 현재 이 책의 하권이 프랑스 국립 도서관에 보관되어 있다.

(   )

1 빈칸 ㉠~㉢에 들어갈 알맞은 낱말을 바르게 나열한 것은 무엇인가요? (　　　)

그랬지. 그런데 고려가 약속한 대로 안 하니까 거란이 두 번 더 쳐들어왔어. 고려가 귀주 ㉡ 에서 크게 이기고 나서야 더 이상 침입하지 않았지.

서희가 거란 장수와의 담판에서 강동 6주를 고려가 차지하게 해 주면 거란과 ㉠ 하겠다고 약속했지?

서희는 ㉢ 은 아니지?

맞아. 서희는 군인 출신이 아니야.

	㉠	㉡	㉢			㉠	㉡	㉢
①	교류	대첩	호족		②	교류	대첩	무신
③	교류	봉기	무신		④	타협	대첩	호족
⑤	타협	봉기	무신					

2 빈칸 ㉠~㉢에 들어갈 알맞은 낱말을 〈보기〉에서 찾아 쓰세요.

> **보기**
>
> 계발　　　간행　　　개발　　　배치　　　보존　　　봉쇄

그렇지. 상감법을 적용하여 독특한 청자를 ㉠□□했지.

세계 최초로 금속 활자로 ㉡□□한 책도 훌륭한 문화재야.

고려 시대의 예술품으로는 상감 청자가 유명하죠?

상감 청자

맞아요. 그런데 최초의 금속 활자본을 우리나라에서 ㉢□□하고 있지 않아서 아쉬워요.

IV

조선 전기

"조선은 어떤 사상을 바탕으로 나라를 발전시켰을까요?"

고려 말 혼란스러운 나라를 바로잡기 위해 이성계와 신진 사대부는 새로운 나라, 조선을 세웠어요. 조선은 유교 사상을 바탕으로 제도를 정비하고 나라를 다스렸어요. 세종 때에는 훈민정음을 만들고 과학 기술을 크게 발전시켰어요. 이후 조선은 두 차례의 전쟁을 치르며 큰 어려움을 겪었지만, 훌륭한 장군과 백성들의 노력으로 나라를 지켜 냈어요.

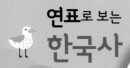
Ⅳ 조선 전기

이성계는 신진 사대부와 손잡고 조선을 세웠어요.

조선 시대

1388	1392	1394	1398
위화도 회군	조선 건국	수도를 한양으로 옮김	제1차 왕자의 난

1446	1485	1592
훈민정음 반포	『경국대전』 반포	임진왜란(~1598)

▲ 『훈민정음』 「언해본」

▲ 거북선

세종은 『농사직설』 편찬, 측우기 제작,
훈민정음 창제 등 많은 업적을 남겼어요.

1413	1429	1441

호패법 실시

▲ 호패

『농사직설』 간행

측우기 제작

왜란과 호란을 연이어 겪으며
조선은 큰 피해를 입었어요.

1623	1627	1636

**광해군 쫓겨남
(인조반정)**

왕의 자리에서
물러나시오!

정묘호란

병자호란(~1637)

▲ 남한산성 남문(경기 광주)

23일차 조선의 건국

01 이성계는 어떻게 조선을 세울 수 있었을까?

여러분은 오른쪽 사진 속 인물이 누구인지 알고 있나요? 바로 고려를 멸망시키고 조선을 건국한 이성계예요. 이성계는 고려 말 왜구와 홍건적 등 외적의 침입을 물리치며 인기를 얻은 신흥 무인 세력이었어요.

▲ 태조 이성계

고려 말에는 외적이 계속 침입하고 권문세족이 횡포를 부려 백성의 삶이 매우 힘들었어요. 이 무렵 새롭게 등장한 신진 사대부는 신흥 무인 세력과 손잡고 권문세족의 횡포를 비판하며 고려 사회의 여러 문제를 해결하려고 했지요.

이때 중국에서는 명이 등장하여 몽골이 세운 원을 북쪽으로 몰아냈어요. 명은 고려가 원에게 빼앗겼다 되찾은 땅 중 일부 지역을 요구했어요. 이에 고려 정부는 이성계에게 군대를 이끌고 요동을 공격하게 했어요. 하지만 요동 공격을 반대하던 이성계는 위화도에서 군대를 돌려 개경으로 돌아와 권력을 잡았어요(위화도 회군).

권력을 잡은 이성계와 신진 사대부는 먼저 토지 제도를 고쳤어요. 권문세족이 불법으로 세금을 내지 않던 땅을 거두어들이고, 신진 사대부에게는 땅에서 세금 걷을 권리를 주어 경제적인 힘을 가질 수 있게 했어요(과전법).

그렇지만 신진 사대부들은 둘로 나뉘었어요. 정몽주 쪽은 고려를 지키려고 했고, 정도전 쪽은 새로운 나라를 세우려 했어요. 다툼 끝에 이성계의 아들 이방원이 정몽주를 죽게 하였고, 이성계를 중심으로 하는 세력이 정도전 등의 신진 사대부와 함께 새로운 나라를 세웠어요. 그리고 고조선을 잇는다는 뜻을 담아 나라 이름을 조선이라고 정했어요.

낱말 사전

왜구
한반도와 중국 주위 바다에서 약탈을 하던 일본 해적

홍건적
원에 맞선 반란군으로 그 일부가 고려에 쳐들어왔음. 붉은 두건을 쓰고 있어 이런 이름이 붙었음

권문세족
고려 후기에 높은 벼슬을 하며 많은 재산을 가지고 권력을 누리던 지배 세력

횡포
힘을 믿고 제멋대로 굴며 몹시 사납게 행동함

신진 사대부
고려 말 새롭게 등장한 세력으로 새로운 유교 사상인 성리학을 공부하고 과거를 통해 관리가 되었음

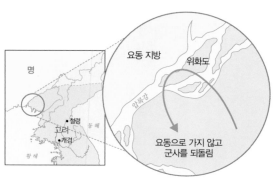
▲ 위화도 회군

1 고려 말의 상황에 대한 설명으로 맞으면 ○표, 틀리면 ×표 하세요.

(1) 왜구와 홍건적 등 외적의 침입으로 나라가 어지러웠다. ( )

(2) 이성계는 요동을 공격하지 않고 개경으로 돌아와 권력을 잡았다. ( )

(3) 이성계와 신진 사대부는 땅이 없는 농민들에게 땅을 나누어 주었다. ( )

2 다음 내용의 □ 안에 들어갈 알맞은 말을 쓰세요.

(1) 이성계는 고려 말 외적의 침입을 물리치며 성장한 □□ □□ 세력이었다.

(2) 고려 말 새롭게 등장한 □□ □□□는 권문세족의 횡포를 비판하였다.

(3) 이성계는 □□□에서 군대를 돌려 권력을 차지하였다.

3 다음은 정몽주와 정도전 중 누구의 생각을 나타낸 것인지 ( ) 안에 이름을 쓰세요.

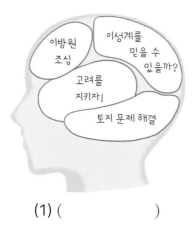

(1) ( )   (2) ( )

어휘 더하기

신흥
새[新] + 일어나다[興]

어떤 세력이나 사회 현상이 새롭게 일어남

예 사회 혼란을 틈타 신흥 종교가 많이 일어났다.

반대말로 기성(旣成)이 있어요.
'이미 이루어진 것'이라는 뜻이에요.

02 왜 한양을 조선의 수도로 삼았을까?

조선을 건국한 후 새로운 수도로 정한 곳은 한양, 바로 지금의 서울이었어요. 왜 한양을 수도로 정했을까요?

우선 한양은 한반도의 중앙에 있어 나라를 다스리기 좋아요. 또 한강이 있어 물을 구하기도 쉬웠어요. 한강은 배가 드나들 수 있는 큰 강이라 물건을 실어 나르거나 세금을 거두어들이기에도 편했어요. 주위가 산으로 둘러싸여 있어 방어에 유리했고, 그 안에 넓고 평평한 땅이 있어 많은 사람들이 모여 살 수 있었어요.

조선은 유교를 나라의 기본으로 삼았기에, 유교 사상에 따라 한양을 건설했어요. 궁궐의 이름은 '임금이 덕으로써 나라를 잘 다스리니 오랫동안 큰 복을 누리기를 빈다.'라는 유교 경전 내용에서 따와서 '경복궁'이라고 했어요. 경복궁의 중심 건물에는 '왕은 부지런히 나라를 다스려야 한다.'라는 뜻을 담아 '근정전'이라는 이름을 붙였어요. 또 유교의 가르침에 따라 궁궐 왼쪽(동쪽)에 종묘, 오른쪽(서쪽)에 사직단을 세웠어요. 왜 왼쪽이 동쪽, 오른쪽이 서쪽이 되냐고요? 왕을 기준으로 왼쪽, 오른쪽이 정해진 것인데, 왕은 남쪽을 향해 앉기 때문이에요.

한양을 둘러싼 성곽의 문에는 유교에서 중요하게 여기는 인(어진 마음), 의(옳은 마음), 예(예의 바름)를 넣어 이름을 붙였어요. 동쪽은 흥인지문, 남쪽은 숭례문이라고 했고, 지금은 없어진 서쪽 문은 돈의문이라고 하였지요.

낱말 사전

근정전
경복궁의 중심 건물로 조선 시대에 임금의 즉위식이나 중요한 행사 등을 하던 곳

도성
임금이나 황제가 있던 도읍지가 성으로 이루어져 있었다는 데서, '서울'을 이르던 말

신주
죽은 사람의 이름을 적은 나무패

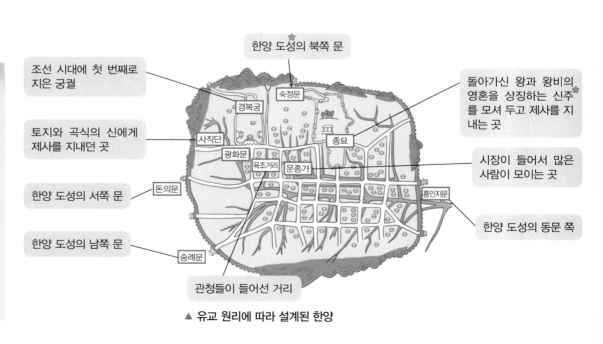

▲ 유교 원리에 따라 설계된 한양

1 한양에 대한 설명으로 맞으면 ○표, 틀리면 ×표 하세요.

(1) 조선은 유교의 가르침을 바탕으로 한양을 건설하였다. ( )

(2) 근정전에는 '왕은 부지런히 나라를 다스려야 한다.'라는 뜻이 담겨 있다. ( )

(3) 유교의 가르침에 따라 궁궐 왼쪽(동쪽)에 사직단, 오른쪽(서쪽)에 종묘를 세웠다. ( )

2 다음 내용의 □ 안에 들어갈 알맞은 말을 쓰세요.

(1) '임금이 덕으로써 나라를 잘 다스리니 오랫동안 큰 복을 누리기를 빈다.'라는 뜻으로 궁궐 이름을
□□□이라고 하였다.

(2) 한양을 둘러싼 성곽의 문에는 유교에서 중요하게 여기는 □(어진 마음), □(옳은 마음),
□(예의 바름)를 넣어 이름을 붙였다.

3 한양을 조선의 수도로 정한 이유를 나타낸 그림입니다. ( ) 안에 들어갈 알맞은 말을 쓰세요.

(1)	(2)	(3)

한양은 한반도의 ( )에 있어 나라를 다스리기 좋다.	( )이 있어 물을 구하기 쉽고, 물건을 실어 나르거나 세금을 거두어들이기에도 편했다.	주위가 산으로 둘러싸여 있어 외적이 침입했을 때 ( )하기에 유리했다.

어휘 더하기

방어
막다[防] + 막다[禦]

싸움이나 경기 등에서 상대방의 공격을 막음
예 기습을 당하여 우리는 방어할 새도 없이 무너졌다.

> 비슷한 말로 수비(守備)가 있어요. 외부의 침략
> 이나 공격을 막아서 지킨다는 뜻이에요.

24일차 국가 제도의 정비

01 정도전과 이방원은 왜 대립했을까?

정도전과 이방원은 조선을 세우는 데 큰 공을 세웠어요. 그런데 두 사람이 꿈꾼 조선의 모습은 전혀 달랐어요.

정도전은 현명한 신하가 중심이 되어 나라를 이끌어 가야 한다고 생각했어요. 왕은 현명할 수도 있고 어리석을 수도 있으니, 나라가 잘되기 위해서는 왕이 현명한 신하를 잘 찾아 정치를 맡겨야 한다고 생각했지요.

반대로 이방원은 왕이 중심이 되어 나라를 다스려야 한다고 생각했어요. 신하의 힘이 강해지면 왕은 힘을 잃어 제대로 나라를 이끌어갈 수 없다고 여겼지요.

정도전과 이방원은 누구를 세자로 삼을 것인가를 두고 충돌했어요. 정도전은 이방원의 배다른 동생인 이성계의 막내아들을 세자로 정하자고 건의했어요. 세자를 결정하는 문제에까지 신하의 힘이 미치자, 이방원은 이에 맞서 반란을 일으켰어요. 이방원은 정도전 등 힘센 신하들을 죽이고 배다른 동생 둘도 모두 죽였어요(제1차 왕자의 난).

자식들 사이에 싸움이 벌어져 아들들이 죽기에 이르자 이성계는 왕위에서 물러났어요. 그 뒤를 이어 이방원의 둘째 형(정종)이 잠시 왕위에 올랐지만 곧 넷째 형의 반란(제2차 왕자의 난)을 진압하고 이방원(태종)이 왕위에 올랐어요.

낱말 사전

세자
왕의 자리를 이을 왕자

배다르다
아버지는 같으나 어머니는 다르다.

왕위
왕의 자리

▲ 이방원과 정도전의 대립

▲ 왕자의 난

1 정도전과 이방원에 대한 설명으로 맞으면 ○표, 틀리면 ×표 하세요.

(1) 정도전은 왕이 현명한 신하에게 정치를 맡겨야 한다고 생각하였다. (　　　)

(2) 누구를 세자로 삼을 것인가를 두고 정도전과 이방원이 충돌하였다. (　　　)

(3) 이성계는 이방원에게 왕위를 물려주었다. (　　　)

2 다음 내용의 □ 안에 들어갈 알맞은 말을 쓰세요.

(1) 이방원은 세자를 결정하는 문제에까지 □□들이 간섭해서는 안 된다고 생각하였다.

(2) 이방원은 □□□ □을 일으켜 정도전과 배다른 동생들을 죽였다.

(3) 자식들 사이에 싸움이 벌어져 아들들이 죽자 □□□는 왕위에서 물러났다.

3 다음 두 인물은 나라를 다스리는 방법에 대해 생각이 서로 달랐습니다. 빈칸 ㉠, ㉡에 들어갈 알맞은 말을 쓰세요.

나라를 잘 다스리기 위해서는 ㉠

나라를 잘 다스리기 위해서는 ㉡

이방원　　　　정도전

㉠: _____

㉡: _____

어휘 더하기

현명
어질다[賢] + 밝다[明]

아하!

어질고 슬기로워 사물의 이치에 밝음

㉖ 현명한 학생은 시험 한 달 전부터 계획을 세워 준비한다.

눈치가 빨라 재빠르고 똑똑한 경우에는
'영리(怜悧)하다'라는 말을 써요.

02 나라의 기틀을 다지기 위해 어떤 정책을 폈을까?

태종 이방원은 왕권을 강화하기 위해 노력했어요. 먼저 왕족이나 신하들이 개인적으로 거느리고 있던 병사들(사병)을 없앴어요. 사실 태종이 왕자의 난을 일으킬 수 있었던 것도 사병이 있었기 때문이었죠. 반대로 다른 왕족이나 신하에게 사병이 있다면 태종을 위협할 수도 있겠죠? 그래서 사병을 없애 왕권을 위협하지 못하도록 했어요.

또한, 호패법을 실시하여 16세 이상 남자들은 오늘날 주민등록증과 같은 호패를 가지고 다니게 했어요. 호패는 신분에 따라 그 재료와 모양을 다르게 했고, 호패 주인에 대한 정보를 적어 두었어요. 그래서 호패만 봐도 이름, 신분, 나이 등을 알 수 있었어요.

▲ 호패

그러면 호패법은 왜 실시했을까요? 사람들에게 호패를 하나씩 나누어 주니 세금 낼 사람, 군대 갈 사람, 나라의 공사에 동원할 사람을 쉽게 파악할 수 있었어요. 그만큼 왕의 힘이 강해졌지요.

또 태종은 전국을 8개의 도로 나누고, 도 아래에 군과 현을 두었어요. 도에는 관찰사를 파견하고, 군·현에는 수령을 보내 다스리게 했어요. 고려 때에도 군·현을 두었지만, 수령을 보내지 못한 군·현도 있었어요. 하지만 조선에서는 모든 군·현에 수령을 파견하여 왕의 명령이 지방 곳곳의 백성들에게 미치도록 했어요.

낱말 사전

위협
두려움이나 위험을 느끼게 함

주민등록증
일정한 거주지에 거주하는 주민임을 나타내는 증명서

◀ 조선의 8도
도의 이름은 주요 지역 이름의 앞 글자를 따서 지었다.
예 충청도 = 충주 + 청주 (예외: 경기는 서울과 그 주위 땅을 가리키는 말임)

1 다음 내용의 □ 안에 들어갈 알맞은 말을 쓰세요.

(1) □□은 호패법을 처음 실시하여 왕권 강화를 위해 노력하였다.

(2) □□□ 실시로 세금 낼 사람, 군대 갈 사람, 나라의 공사에 동원할 사람을 쉽게 파악할 수 있었다.

2 다음 그림을 참고하여 빈칸 ㉠~㉣에 들어갈 알맞은 말을 쓰세요.

왕족이나 신하가 개인적으로 거느린 ⓛ을 없애 왕권을 위협하지 못하도록 했다.

16세 이상 남자들은 오늘날 주민등록증과 같은 ⓛ를 가지고 다니게 했다.

나는 왕을 대신해서 이 고을을 다스리러 온 사람이다.

전국을 8도로 나누고, 도 아래 군·현에는 ⓒ을 보내 다스리게 했다.

태종 이방원은 이러한 정책을 실시하여 ㉣을 강화하였다.

㉠ (   ) ㉡ (   ) ㉢ (   ) ㉣ (   )

어휘 더하기

수령
다스리다[守] + 벼슬, 우두머리[令]

왕의 명령에 따라 각 고을을 맡아 다스리던 지방관

⑩ 새로 온 수령이 산적들을 잡아 감옥에 가두자 산적의 수가 눈에 띄게 줄었다.

비슷한 말로 사또, 원님이 있어요.

25일차 과거제와 외교 정책

01 과거 시험은 누구나 볼 수 있었을까?

고려 광종 때 시작된 과거제는 조선 시대에도 계속되었고, 고려 시대보다 더 중요하게 여겨졌어요.

과거 시험은 3년마다 실시하는 것을 원칙으로 했지만 특별한 경우에도 실시했어요. 시험은 문신을 뽑는 문과, 무신을 뽑는 무과, 의학, 통역, 법률 등을 담당하는 기술관을 뽑는 잡과로 나뉘었어요.

▲ 과거 시험을 보는 모습

고려 시대에는 높은 관리의 자식들이 과거 시험을 보지 않고 관리가 되는 경우가 많았는데, 조선 시대에는 그렇게 관리가 된 사람들의 숫자가 크게 줄어들었어요. 또, 고려 때와는 달리 과거 시험을 통해 관리가 되는 것을 훨씬 더 자랑스럽게 생각했어요. 그만큼 고려에 비해 집안보다는 개인의 능력을 더 중요하게 여기는 사회가 되었다는 뜻이지요.

그런데 과거 시험은 누구나 볼 수 있었을까요? 조선에는 위로부터 양반, 중인, 상민, 천민의 네 신분이 있었어요. 원칙적으로는 노비 등의 천민만 아니면 누구나 과거 시험을 볼 수 있었어요.

그렇지만 주로 농사를 지었던 상민이 과거 시험을 보는 일은 드물었어요. 과거에 합격하려면 어릴 때 서당에서 시작하여 학당, 향교나 서원, 성균관에서 오랜 기간 한문과 유교 사상을 공부해야 했어요. 그렇게 해도 과거 시험에 떨어지는 사람들이 많았어요. 그러니 어릴 때부터 논밭에서 일해야 했던 상민의 자식들이 과거 시험에 합격하기는 거의 불가능했지요.

낱말 사전

문신
주로 행정 사무를 맡아 보는 문과 시험 출신의 관리

무신
군대에 소속되어 군사 일을 맡아보는 관리

상민
양반이 아닌 보통 백성을 이르던 말로 농업, 어업, 수공업, 상업 등에 종사하였음

▲ 성균관 명륜당(서울 종로)

1 조선에 대한 설명으로 맞으면 ○표, 틀리면 ×표 하세요.

(1) 원칙적으로 상민만 아니면 누구나 과거 시험을 볼 수 있었다. (   )

(2) 조선에서는 고려에 비해 개인의 능력을 더 중요하게 여겼다. (   )

(3) 조선 시대의 교육 기관으로 학당, 향교와 서원 등이 있었다. (   )

2 다음 내용의 □ 안에 들어갈 알맞은 말을 쓰세요.

(1) 조선 시대 과거의 종류에는 □과, □과, 잡과가 있었다.

(2) 조선에는 위로부터 □□, 중인, □□, 천민의 네 신분이 있었다.

(3) 원칙적으로는 □□도 과거 시험을 볼 수 있었지만, 이들이 과거에 합격하기는 거의 불가능하였다.

3 다음 그림을 보고 과거 시험의 종류 중 무엇을 나타낸 것인지 〈보기〉에서 골라 쓰세요.

보기

문과   무과   잡과

(1) (   )   (2) (   )   (3) (   )

어휘 더하기

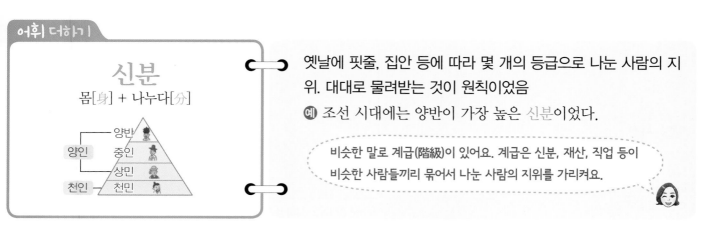

신분
몸[身] + 나누다[分]

양인 ┬ 양반
     ├ 중인
     └ 상민
천인 ─ 천민

옛날에 핏줄, 집안 등에 따라 몇 개의 등급으로 나눈 사람의 지위. 대대로 물려받는 것이 원칙이었음
예 조선 시대에는 양반이 가장 높은 신분이었다.

비슷한 말로 계급(階級)이 있어요. 계급은 신분, 재산, 직업 등이
비슷한 사람들끼리 묶어서 나눈 사람의 지위를 가리켜요.

02 오늘날과 같은 국경선은 언제 만들어졌을까?

지도에서 우리나라와 중국의 국경을 이루는 강을 찾아볼까요? 네, 바로 압록강과 두만 강이죠! 그럼 지금 보는 이 국경선이 만들어진 것은 언제일까요? 그건 바로 조선 세종 때 였어요.

당시 조선의 북쪽에는 여진족이 살고 있었는데, 부족한 식량을 얻기 위해 조선 사람들 을 자주 공격했어요. 그래서 세종은 최윤덕과 김종서를 보내 여진족을 몰아내도록 했어요.

최윤덕과 김종서는 군사들을 이끌고 북쪽으로 가 각각 압록강과 두만강 주위의 여진족 을 몰아냈어요. 그리고 그곳에 4군과 6진을 설치하고 군사들이 지키도록 했어요.

그런데 그 땅에 아무도 살지 않는다면 다시 여진에 빼앗길 수도 있겠죠? 그래서 조선 정부는 새로 넓힌 땅에 남쪽 지방의 백성들이 옮겨와 살도록 했어요. 이렇게 하여 조선은 압록강과 두만강까지 영토를 넓혔어요.

한편 고려 말부터 일본의 왜구들이 쳐들어와 바닷가의 백성들을 괴롭혔어요. 왜구들은 곡식과 물건을 빼앗아가고 사람들을 잡아가기도 했어요.

세종은 왜구를 뿌리 뽑기 위해 이종무를 시켜 왜구의 소굴인 쓰시마섬을 공격하게 했어 요. 얼마 후 일본은 교역을 할 수 있게 항구를 열어 달라고 요청했어요. 세종은 일본인이 조선에 계속 머물지 않는 것을 조건으로 세 곳의 항구를 열어 주었어요.

낱말 사전

소굴
나쁜 짓을 하는 도둑 따위의 무리가 활동의 터전으로 삼고 있는 곳

▲ 4군 6진과 쓰시마섬

1 다음 글자 중에서 4군과 6진을 설치하는 데 큰 공을 세운 두 인물의 이름을 찾아 쓰세요.

윤 서 김 승 손 최 로 찬 종 덕

(,   )

2 조선의 외교 정책에 대한 설명으로 맞으면 ○표, 틀리면 ×표 하세요.

(1) 여진족을 몰아내고 압록강 주위에 4군, 두만강 주위에 6진을 설치하였다. (   )

(2) 조선 정부는 새로 넓힌 땅에 남쪽 지방의 백성들이 옮겨와 살도록 하였다. (   )

(3) 세종은 이종무를 시켜 왜구의 소굴인 쓰시마섬을 공격하게 하였다. (   )

3 다음 지도를 보고 물음에 답하세요.

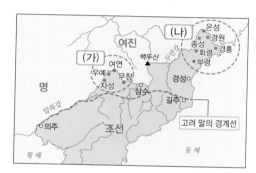

(1) (가), (나)에 들어갈 알맞은 말을 쓰세요.

  (가) (   )   (나) (   )

(2) (가), (나) 지역 확보로 조선의 국경선에 어떤 변화가 일어났는지 □ 안에 들어갈 알맞은 말을 쓰세요.

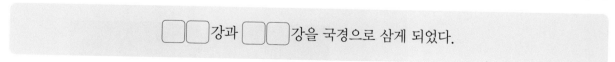

□□강과 □□강을 국경으로 삼게 되었다.

어휘 더하기

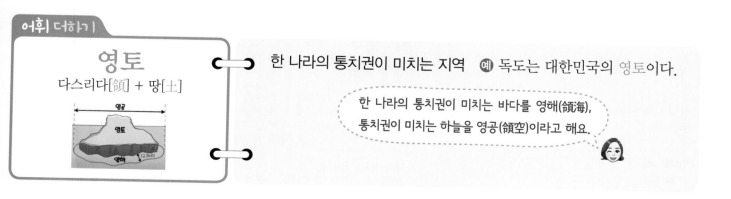

영토
다스리다[領] + 땅[土]

한 나라의 통치권이 미치는 지역   **예** 독도는 대한민국의 영토이다.

한 나라의 통치권이 미치는 바다를 영해(領海),
통치권이 미치는 하늘을 영공(領空)이라고 해요.

26일차 세종 대의 발전

01 세종은 왜 훈민정음을 만들었을까?

여러분이 지금 보고 있는 한글을 누가 만들었는지는 다들 알죠? 네, 맞아요. 세종이 한글을 만들었죠. 한글의 옛 이름도 알고 있나요? 한글의 옛 이름은 훈민정음이지요.

그럼, 세종은 왜 훈민정음을 만들었을까요? 당시 조선은 중국에서 건너온 한자를 쓰고 있었어요. 그런데 한자는 배우기 어려워 지배층을 제외한 백성의 대부분은 한자를 익히지 못했어요. 글을 모르니 억울한 일을 당하는 경우도 많았죠.

세종은 백성들이 글을 제대로 읽고 쓰지 못하는 것을 매우 안타깝게 여겼어요. 그래서 백성들도 쉽게 익힐 수 있는 글자를 만들기 위해 노력했어요.

자음은 우리 몸에서 소리가 나는 발음 기관을 연구하여 만들었어요. 발음할 때 입, 혀, 목구멍의 모양을 본떠 ㄱ, ㄴ, ㅁ, ㅅ, ㅇ을 만들고, 소리의 변화에 따라 선을 더해 ㅋ, ㄷ, ㅌ, ㅂ, ㅍ, ㅈ, ㅊ, ㅎ을 만들었죠. ㄹ은 선을 더해 만들지는 않았고, 혀의 모양을 본떴어요. 모음은 세상을 구성하는 하늘(천), 땅(지), 사람(인)을 바탕으로 했어요. 'ㆍ'는 하늘, 'ㅡ'는 땅, 'ㅣ'는 사람을 나타내요. 이 셋을 조합하여 ㅏ, ㅑ, ㅓ, ㅕ, ㅗ, ㅛ, ㅜ, ㅠ를 만들었어요.

이러한 원리는 지금 휴대 전화 자판에도 이용하고 있어요. 그만큼 훈민정음은 과학적이고 뛰어난 글자예요. 그래서 누구나 배우기 쉬웠고 백성들도 쉽게 글자를 읽고 쓸 수 있게 되었어요.

낱말 사전

발음
사람의 목소리나 말소리를 내는 것

조합
여럿을 모아 한 덩어리가 되게 함

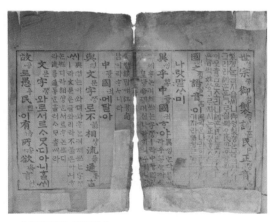

▲ 『훈민정음』 『언해본』
한문으로 기록된 『훈민정음』 원본을 한글을 이용해 풀이한 책이다.

스토리 씽킹

1 훈민정음에 대한 설명으로 맞으면 ○표, 틀리면 ×표 하세요.

(1) 훈민정음의 자음은 발음 기관에서 소리가 나는 원리를 연구하여 만들었다.　（　　　）

(2) 훈민정음의 모음을 구성하는 '·'는 땅, '_'는 하늘, 'ㅣ'는 사람을 나타낸다.　（　　　）

(3) 훈민정음은 과학적이고 뛰어난 글자이다.　（　　　）

2 다음 내용의 □ 안에 들어갈 알맞은 말을 쓰세요.

(1) 백성의 대부분은 어려운 □□를 익히지 못하였다.

(2) □□은 백성들이 글을 제대로 읽고 쓰지 못하는 것을 매우 안타깝게 여겼다.

(3) □□□□의 창제로 백성들도 쉽게 글을 읽고 쓸 수 있었다.

3 다음은 세종이 쓴 『훈민정음』 서문과 훈민정음에 반대한 관리들의 주장입니다. 물음에 답하세요.

> 나라의 말이 중국과 달라 한자와 서로 통하지 않는다. 이런 이유로 백성들이 말하고자 하는 것이 있어도 마침내 제 뜻을 제대로 펴지 못하는 사람이 많다. 내가 이를 불쌍하게 여겨 새로 스물여덟 글자를 만들었으니, 모든 사람이 쉽게 익혀 날마다 편하게 쓰기 바란다.

훌륭한 글자인 중국의 한자가 있는데 어찌 불필요한 글자를 만들려고 하십니까?

▲ 훈민정음에 반대한 관리들의 주장

(1) 윗글을 참고하여 세종이 새로운 글자를 만든 이유를 정리하여 쓰세요.

　➡ 백성들이 (　　　　　　　　　　　　　　　　　　) 하기 위해서였다.

(2) 위 그림과 같은 양반들은 훈민정음에 대해 대체로 어떤 태도를 보였을까요?　（　　　）

　㉠ 뛰어난 글자이므로 널리 써야 한다.　　㉡ 무식한 백성들이나 쓰는 글자다.

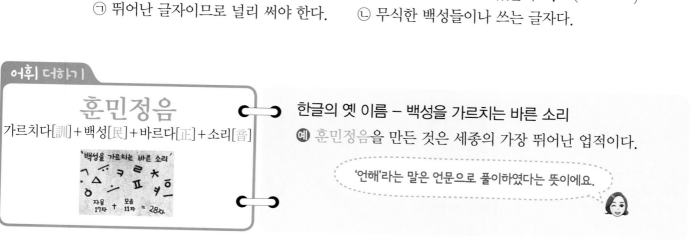

어휘 더하기

훈민정음

가르치다[訓] + 백성[民] + 바르다[正] + 소리[音]

한글의 옛 이름 – 백성을 가르치는 바른 소리

예 훈민정음을 만든 것은 세종의 가장 뛰어난 업적이다.

'언해'라는 말은 언문으로 풀이하였다는 뜻이에요.

02 세종 때 어떻게 과학 기술이 발전했을까?

훈민정음을 만든 것에서 드러나듯이, 세종은 백성이 잘사는 것이 나라가 잘되는 길이라고 생각했어요. 그래서 집현전을 개편하여 궁궐 안에 두었고, 그곳에서 학자들을 키우며 백성의 생활에 도움이 되는 과학 기술을 발전시키기 위해 노력했어요.

세종은 과학 기술의 발전을 위해 신분을 가리지 않고 뛰어난 사람을 관리로 뽑기도 했어요. 장영실은 원래 노비였는데 기술이 뛰어났어요. 세종은 장영실의 신분을 높여 주고, 그를 관리로 뽑아 과학 기술의 개발과 연구에 힘쓰도록 했어요.

당시는 농업이 가장 중요한 산업이었어요. 그래서 세종 때 발달한 과학 기술은 대부분 농업과 관련된 것이었어요. 특히 비의 양을 재는 기구인 측우기 제작은 서양보다 200여 년이나 앞선 성과였어요. 세종은 지방 관리들에게 그 지역의 농사 기술을 보고하도록 했어요. 보고된 내용을 집현전 학자들이 정리하여 『농사직설』을 펴냈어요. 이 책은 우리나라에 맞는 농사 기술을 담고 있어 농업 발달에 많은 도움이 되었어요.

농사일을 위해서는 계절의 변화를 아는 것이 중요해요. 그래서 천체의 움직임과 위치를 관측하는 기구인 혼천의를 만들어 하늘의 움직임을 관찰했어요. 그 결과를 바탕으로 『칠정산』이라는 매우 정확하고 우리나라에 맞는 달력을 만들었어요. 농사를 지으려면 시간도 알아야죠. 그래서 해시계인 앙부일구를 만들었는데, 그림자 길이의 변화로 절기(계절)도 알 수 있게 했어요. 물시계인 자격루는 장영실이 만들었는데, 물의 양이 변함에 따라 스스로 시각을 알려 주는 자동 시계였어요.

▲ 측우기

▲ 『농사직설』

▲ 혼천의

▲ 『칠정산』

▲ 앙부일구

▲ 자격루

낱말 사전

개편
조직 등을 고쳐 편성함

천체
우주에 존재하는 모든 물체. 해, 달, 행성, 별, 혜성, 성운, 인공위성 등을 통틀어 이르는 말

1 세종 때 과학 기술에 대한 설명으로 맞으면 ○표, 틀리면 ×표 하세요.

(1) 혼천의는 서양보다 200여 년이나 앞서 만든 기구이다. (　　　)

(2) 『농사직설』은 중국의 농업 기술을 바탕으로 펴낸 책이다. (　　　)

(3) 천체 관측 결과를 바탕으로 우리나라에 맞는 달력을 만들었다. (　　　)

2 사진과 관련된 설명을 〈보기〉에서 골라 기호를 쓰세요.

> **보기**
> ㉠ 매우 정확하고 우리나라에 맞는 달력　　㉡ 천체의 움직임과 위치를 관측하는 기구
> ㉢ 계절도 알 수 있도록 만든 해시계　　㉣ 비의 양을 재는 기구
> ㉤ 물의 양이 변함에 따라 스스로 시각을 알려 주는 자동 시계

▲ 앙부일구
(1) (　　　)

▲ 『칠정산』
(2) (　　　)

▲ 측우기
(3) (　　　)

▲ 혼천의
(4) (　　　)

▲ 자격루
(5) (　　　)

어휘 더하기

집현전
모으다[集] + 어진 사람[賢] + 큰 집[殿]

조선 전기에 학문 연구를 위해 궁궐 안에 설치한 기관 - 어진 사람을 모은 기관

예 집현전 학자들은 왕 앞에서 유교 경전과 역사를 설명하고 왕과 토론하였다.

> 집현전 폐지 후 비슷한 일을 한 관청으로 홍문관(弘文館)이 있어요.

27일차 유교와 생활

01 조선이 유교를 나라의 근본으로 삼은 까닭은?

이성계를 도와 조선을 건국한 신진 사대부들은 유교의 한 종류인 성리학을 공부했어요. 그들은 조선을 임금부터 백성들까지 모두 유교 질서에 따라 생활하는 나라로 만들려고 하였어요. 그래서 조선에서는 불교를 억누르고 유교를 바탕으로 나라를 다스렸어요.

조선에서 유교 사상은 차츰 백성들이 지키고 따라야 하는 사회 질서의 기준이 되었어요. 유교에서 도덕 실천의 기본으로 여기는 삼강오륜에 따라 임금과 신하의 도리, 부모와 자식의 도리, 남편과 아내의 도리를 강조했고, 윗사람과 아랫사람 사이의 질서와 친구 사이의 믿음을 중요하게 여겼어요.

결혼이나 장례, 제사 문화도 유교식으로 바뀌어 갔어요. 고려 때는 신부 집에서 결혼식을 하고 아이가 클 때까지 계속 살았는데, 조선 시대에는 결혼식을 한 후 신부 집에 머무는 기간이 차츰 짧아졌어요. 장례도 대부분 불교식 화장을 하던 것에서 3년 동안 무덤을 지키는 것으로 바뀌었어요. 제사도 유교식으로 지내게 되었고, 돌아가신 후에도 효도해야 한다는 생각에 제사를 매우 중요하게 여겼어요. 이러한 유교 문화는 오늘날에도 많은 영향을 끼치고 있지요.

조선에서는 유교를 바탕으로 나라를 다스리기 위해 『경국대전』이라는 기본 법전을 만들었어요. 『경국대전』에는 6개 영역에 걸쳐 통치 제도, 세금, 군사, 교육, 형벌 등에 대한 법률을 담았어요. 부모가 많이 아프면 군대에 가지 않아도 되며, 땅과 집을 사면 100일 안에 관청에 보고하도록 하는 등 백성들의 생활과 관계있는 내용도 많이 담겨 있어요. 그래서 『경국대전』은 유교에 따른 사회 질서를 유지하는 데 매우 중요한 역할을 했어요.

낱말 사전

성리학
중국 송 때 만들어진 유교의 한 갈래로 우주의 원리와 사람의 본성에 대해 연구하는 학문

도리
마땅히 행해야 할 바른 길

법전
국가가 일정한 체계에 따라 통일적으로 만든 법률 책

삼강

▲ **군위신강**
임금은 신하의 본보기가 되고, 신하는 임금에게 충성해야 한다.

▲ **부위부강**
남편은 아내의 본보기가 되고, 아내는 남편을 섬겨야 한다.

▲ **부위자강**
부모는 자식의 본보기가 되고, 자식은 부모에게 효도해야 한다.

1 조선의 유교에 대한 설명으로 맞으면 ○표, 틀리면 ×표 하세요.

(1) 신진 사대부들은 유교의 한 종류인 성리학을 공부하였다. ( )

(2) 조선 시대에는 결혼식을 한 후 신부 집에 머무는 기간이 고려에 비해 짧아졌다. ( )

(3) 삼강오륜에 따라 윗사람과 아랫사람 사이의 평등을 강조하였다. ( )

2 다음 내용의 □ 안에 들어갈 알맞은 말을 쓰세요.

(1) 조선에서는 불교를 억누르고 □□를 바탕으로 나라를 다스렸다.

(2) 유교에서 도덕 실천의 기본인 삼강□□에 따라 자식은 부모에게 효도하도록 하였다.

(3) 유교를 바탕으로 나라를 다스리기 위해 □□□□이라는 기본 법전을 만들었다.

3 다음 그림을 참고하여 ( ) 안에 들어갈 알맞은 말을 쓰세요.

(1) 조선을 건국한 ( )들은 불교를 억누르고 유교를 바탕으로 나라를 다스리고자 하였다.

(2) 조선에서 ( ) 사상은 백성들이 지키고 따라야 하는 사회 질서의 기준이 되었다. 결혼이나 장례, 제사 문화도 ( )식으로 바뀌어 갔다.

어휘 더하기

오륜
다섯[五] + 도리[倫]

부자유친

군신유의

부부유별

장유유서

붕우유신

유교에서 사람으로서 지켜야 한다고 여기는 다섯 가지 도리

예 유교 사회에서 삼강오륜은 마땅히 따라야 할 법칙이었다.

오륜의 내용은 아버지와 아들 사이에는 친함, 임금과 신하 사이에는 의리, 부부 사이에는 구별, 윗사람과 아랫사람 사이에는 차례와 질서, 친구 사이에는 믿음이 있어야 한다는 것이에요.

02 조선 시대 사람들은 어떻게 살았을까?

조선 법에는 양인과 천인(천민)의 두 가지 신분밖에 없었어요. 그런데 양인이 다시 양반, 중인, 상민으로 나뉘어 네 가지 신분으로 이루어졌어요. 부모의 신분을 이어받는 것이기 때문에 신분은 태어날 때부터 정해져 있었어요. 그리고 한번 정해진 신분은 거의 바뀌지 않았어요. 사람들은 신분에 따라 할 수 있는 일이 제한되었고, 살아가는 모습도 달랐어요.

양반은 과거에 합격하여 관직에 나가기를 원했고, 이를 위해 유교 경전을 열심히 공부했어요. 그들은 대부분 땅과 노비가 있어 넉넉한 삶을 살았어요.

중인은 양반과 상민의 중간 신분이에요. 의사, 통역관, 법률을 다루는 관리 등이 중인이었어요. 이들은 주로 과거의 잡과 시험을 통해 관리가 되었어요.

상민은 일반 백성이에요. 농민이 가장 많았고 그 밖에 상업, 수공업, 어업 일을 했어요. 상민은 나라에 세금을 냈으며, 군대에 가서 나라를 지켰어요.

천민에는 노비, 무당, 백정, 기생, 광대 등이 있었어요. 대부분은 노비였는데, 재산으로 여겨 주인이 노비를 사고팔거나 자식에게 물려줄 수 있었어요.

신분에 따라 사는 집도 달랐어요. 양반은 기와집에 살았는데, 남자와 여자가 생활하는 곳을 구분하였어요. 상민은 주로 초가집에 살았는데, 집이 작아 남녀의 공간을 구분할 수 없었어요.

조선 전기에는 아들과 딸이 돌아가며 제사를 지냈고, 재산도 아들과 딸에게 고르게 물려주었어요. 양반 여성은 물려받은 재산을 따로 관리했고, 밭을 사고팔기도 했어요.

낱말 사전

백정
소, 돼지 등을 잡는 일을 하는 사람

광대
판소리, 가면극, 곡예 등을 하는 사람을 통틀어 이르는 말

▲ 양반

▲ 중인(오른쪽)

▲ 상민

▲ 천민(천인)

▲ 양반의 기와집

▲ 상민의 초가집

1 조선의 신분 제도에 대한 설명으로 맞으면 ○표, 틀리면 ×표 하세요.

(1) 조선 법에는 양반, 중인, 상민, 노비의 4개 신분이 있었다. (　　　)

(2) 중인은 주로 과거의 잡과 시험을 통해 관리가 되었다. (　　　)

(3) 조선 전기에는 대부분 아들과 딸이 돌아가며 제사를 지냈다. (　　　)

2 다음 내용의 □ 안에 들어갈 알맞은 말을 쓰세요.

(1) □□은 대부분 땅과 노비가 있어 넉넉한 삶을 살았다.

(2) □□은 나라에 세금을 냈으며, 군대에 가서 나라를 지켰다.

(3) □□는 재산으로 여겨져 주인이 사고팔거나 자식에게 물려줄 수 있었다.

3 다음 그림과 설명을 보고 해당하는 신분을 쓰세요.

(1) (　　　　　　　)

관리가 되기 위해 유교 경전을 열심히 공부하였다.

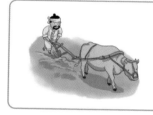

(2) (　　　　　　　)

농민이 가장 많았고, 주로 초가집에 살았다.

(3) (　　　　　　　)

대부분은 노비였으며 무당, 백정, 기생, 광대도 포함되었다.

(4) (　　　　　　　)

의사, 통역관, 법률 담당 관리 등이 포함되었다.

어휘 더하기

양반
둘[兩] + 나누다[班]

조선 시대에 가장 높은 신분 – 문과 출신의 관리인 문반과 무과 출신의 관리인 무반을 함께 가리키는 말

예 요즘이 어느 때인데 양반, 상놈을 따지는가?

사대부(士大夫)라는 말도 썼는데, 주로 문반을 일컫는 말이었어요.

28일차　임진왜란

01　임진왜란은 왜 일어났을까?

1592년 여름비가 추적추적 내리는 날 조선 왕 선조는 한양의 궁궐을 버리고 피란길에 나섰어요. 선조는 왜 궁궐을 버려야만 했을까요? 임진왜란이 일어나 일본군이 한양 바로 앞까지 쳐들어왔기 때문이었어요.

조선은 나라를 세운 후 200년 가까이 큰 전쟁 없이 평화를 누렸어요. 그러다 보니 군대 조직이 흐트러졌고, 백성들은 세금을 내고 군대에 가지 않기도 했어요. 지배층인 양반들은 무리를 지어 서로 대립했어요. 일본이 쳐들어올지에 대해서도 견해가 나뉘어 서로 다르게 판단했어요. 전쟁에 대비하지 못한 상황이었지요.

이에 비해 일본은 100년이 넘는 기간 동안 전쟁을 계속하여 군인들이 잘 훈련되어 있었어요. 게다가 당시 조선에는 없던 신식 무기인 조총을 갖고 있었어요. 도요토미 히데요시는 100여 년의 혼란을 끝내고 일본의 통일을 이루었어요. 그렇지만 여전히 지방에는 강력한 군대를 가지고 있는 세력가들이 있었어요. 그는 지방 세력가들의 관심을 밖으로 돌리려 했어요. 거기에 중국의 명을 정복하겠다는 욕심이 더해져 임진왜란을 일으켰어요.

준비가 부족했던 조선군은 일본군을 막아 내지 못했어요. 일본군은 3일 만에 부산을 차지했어요. 조선군이 상주와 충주 전투에서 잇달아 패하자 선조는 한양을 버리고 평양으로 피란 갔어요. 전쟁 시작 후 20여 일 만에 한양이 무너졌고 두 달 만에 평양까지 무너졌어요. 선조는 압록강 옆의 의주까지 피란해야 했어요. 이제 조선 정부는 명에 요청한 구원군에 마지막 희망을 걸었어요.

낱말 사전

피란
전쟁을 피해 다른 곳으로 옮겨감

임진왜란
임진년(1592년)에 일본이 일으킨 전쟁

조총
일본에서 포르투갈인들로부터 들여온 총을 개량하여 만들었으며, 날아가는 새도 맞혀서 떨어뜨릴 수 있다고 하여 붙여진 이름임

▲ 피란길에 나선 선조와 관리들

▲ 부산진순절도
부산진 전투를 그린 그림

스토리 씽킹

1 임진왜란 이전의 상황에 대한 설명으로 맞으면 ○표, 틀리면 ×표 하세요.

(1) 조선은 나라를 세운 후 200년 가까이 큰 전쟁 없이 평화를 누렸다. (   )

(2) 일본은 100년 넘게 전쟁을 계속하여 군인들이 잘 훈련되어 있었다. (   )

2 다음 내용의 □ 안에 들어갈 알맞은 말을 쓰세요.

(1) 오랜 평화로 조선의 백성들은 □□을 내고 군대에 가지 않기도 하였다.

(2) 일본군은 당시 조선에는 없던 신식 무기인 □□을 갖고 있었다.

(3) 일본의 통일을 이룬 □□□□□ □□□□는 임진왜란을 일으켜 조선에 처들어왔다.

3 다음 그림을 참고하여 (   ) 안에 들어갈 알맞은 말을 쓰세요.

(1)	(2)	(3)	(4)
		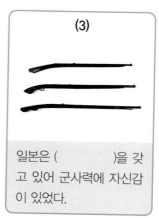	
도요토미 히데요시는 ( )들의 관심을 밖으로 돌리려 하였다.	그에게는 ( )을 정복하겠다는 욕심이 있었다.	일본은 ( )을 갖고 있어 군사력에 자신감이 있었다.	조선군은 계속 졌고, 선조는 ( )까지 피란하였다.

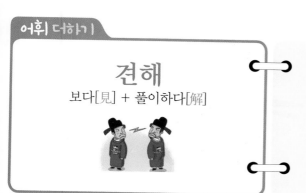

어휘 더하기

견해
보다[見] + 풀이하다[解]

○ 사물이나 현상을 바라보는 생각이나 의견
예 양반들은 전쟁 준비에 대해 서로 다른 견해를 드러냈다.

비슷한 말로 어떤 일이나 물건을 보고 느끼는 생각이나 의견을 뜻하는 소견(所見)이 있어요.

02 이순신과 수군의 활약을 높이 평가하는 까닭은?

육지에서 조선군이 일본군에 계속 패한 것과 달리 바다에서는 조선군이 연이어 승리를 거두고 있었어요. 전쟁이 일어나기 1년 전에 수군 지휘관이 된 이순신은 거북선을 만들고 병사를 훈련시키며 전쟁에 대비했어요.

이순신이 이끈 조선 수군은 옥포에서 승리한 후 계속해서 일본군을 무찔렀어요. 특히 한산도 앞바다에서는 학이 날개를 펼친듯한 모습의 학익진 전술로 큰 승리를 거두었어요 (한산도 대첩). 이러한 수군의 승리로 곡창 지대인 전라도 지역을 지킬 수 있었어요. 게다가 배로 무기와 식량을 실어 나르려던 일본의 계획도 막을 수 있었지요. 계획이 틀어진 일본군은 섣부르게 의주를 공격할 수 없었어요. 그 사이 육지에서는 곽재우 등이 의병을 일으켰어요. 양반부터 노비까지 여러 신분의 사람들이 의병에 참여해 일본군에 맞서 싸웠어요. 심지어 스님들도 의병으로 나서 일본군과 싸웠어요.

수군과 의병의 활약으로 조선이 힘을 회복할 무렵 명이 군대를 보냈어요. 조선과 명의 연합군은 평양을 되찾고 한양을 공격하려 했어요. 권율이 이끈 조선군이 한양 가까이에 있는 행주산성을 차지하자 일본군이 쳐들어왔어요. 조선군은 의병, 여성들과 함께 화차 등의 무기를 이용하여 일본군을 물리치고 큰 승리를 거두었어요(행주 대첩).

일본군은 남쪽으로 물러났다가 다시 조선을 공격했어요. 육지에서는 조선과 명의 연합군이 일본군을 잘 막아 냈어요. 그런데 이순신이 억울하게 쫓겨나면서 약해진 조선 수군은 일본군에 크게 패했어요. 하지만 이순신이 수군통제사로 다시 돌아와 남은 13척의 배를 이끌고 130척이 넘는 배를 거느린 일본군과 싸워 크게 승리했어요(명량 대첩).

그 무렵 도요토미 히데요시가 죽자 일본군은 철수하기 시작했어요. 돌아가는 일본군을 이순신이 공격하여 크게 이겼어요(노량 해전). 그러나 이 전투에서 이순신도 죽음을 맞았고, 7년에 걸친 전쟁도 끝이 났어요.

낱말 사전

학익진
학이 날개를 펼친 모양으로 부대를 배치하여 적을 둘러싸서 공격하는 전술

곡창
곡식 창고처럼 곡식을 많이 생산하는 지역

섣부르다
서투르고 어설프다

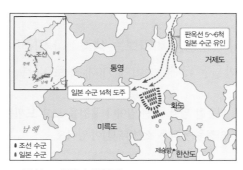

▲ 한산도 대첩과 학익진

◀ 화차(신기전기)
행주 대첩에서 승리하는 데 큰 역할을 한 무기이다.

1 다음 글자 중에서 임진왜란에서 큰 공을 세운 두 인물을 찾아 쓰세요.

| 강 | 신 | 순 | 관 | 왕 | 율 | 종 | 소 | 권 | 이 |

(,   )

2 다음 내용의 □ 안에 들어갈 알맞은 말을 쓰세요.

(1) 조선 수군은 □□□ 앞바다에서 학익진 전술로 큰 승리를 거두었다.

(2) 육지에서는 □□이 일어나 백성들이 스스로 일본군에 맞서 싸웠다.

3 다음 상장을 보고 빈칸 ㉠, ㉡에 들어갈 알맞은 말을 쓰세요.

제○○호

표 창 장

이름: 이순신

위 사람은 수군의 사령관으로서 수군을 잘 이끌어 일본군에 큰 승리를 거둠으로써, [㉠] 지대인 전라도 지역을 지키고 배로 무기와 식량을 실어 나르려던 일본의 계획을 막았기에 이 표창장을 줌.

조선 국왕 이 연* (朝鮮國王之印)

* 이연: 선조의 이름

제○○호

표 창 장

이름: 권 율

위 사람은 군인과 의병을 잘 이끌고 화차 등의 무기를 잘 사용하여, [㉡] 에 쳐들어온 일본군에 큰 승리를 거둠으로써 일본군을 남쪽으로 몰아내는 데 이바지하였기에 이 표창장을 줌.

조선 국왕 이 연 (朝鮮國王之印)

㉠ (   )   ㉡ (   )

어휘 더하기

수군
물[水] + 군사[軍]

주로 바다에서 배를 타고 활동하는 군대

예 수군통제사는 충청, 전라, 경상 3도의 수군을 총지휘하는 관직으로 지금으로 치면 해군의 총사령관이다.

오늘날에는 바다에서 활동하는 군대라는 뜻을 가진 해군(海軍)이라고 해요.

29일차 병자호란

01 광해군과 인조의 외교 정책은 어떻게 달랐을까?

임진왜란 후 조선의 모습은 어땠을까요? 7년 동안 전쟁을 치르면서 조선은 큰 피해를 입었어요. 농사짓는 땅이 1/3로 줄었고 경복궁도 불타버렸어요. 불타거나 일본군에 빼앗긴 책과 도자기, 미술품도 많았어요. 또 많은 사람이 죽거나 포로로 일본에 끌려갔어요.

임진왜란은 주위 나라에도 영향을 끼쳤어요. 당시 명은 이미 세력이 약해지고 있었는데, 임진왜란 때 군대를 보내느라 더 힘이 약해졌어요. 이 틈을 타 여진의 누르하치가 힘을 키워 후금을 세웠어요. 후금은 중국을 차지하기 위해 명을 공격했어요.

명은 조선에 도움을 청했어요. 이때 조선의 왕은 선조의 아들 광해군이었어요. 광해군은 새롭게 떠오르는 후금에 맞섰다가 또 전쟁을 겪게 될 것을 걱정했어요. 그래서 일단 명에 군대를 보냈지만 적극적으로 싸우지는 말라고 했어요. 광해군의 명령대로 조선군은 후금에 항복했고 전쟁을 피할 수 있었지요. 이러한 광해군의 정책을 중립 외교라고 해요.

그러나 일부 신하들은 명의 은혜를 저버렸다며 중립 외교를 비판했어요. 마침내 그들은 광해군을 몰아내고 인조를 왕으로 세웠어요. 인조는 명을 가까이하고 후금을 멀리하는 정책을 폈어요(친명배금 정책).

명과 싸우는 중이던 후금은 조선을 굴복시키기 위해 조선에 쳐들어왔어요(정묘호란). 황해도 지역까지 후금이 쳐들어오자 인조는 강화도로 피란하여 후금에 맞섰어요. 의병도 일어나 후금군을 공격했어요. 생각보다 전쟁이 길어지자 후금은 조선과 형제 관계를 맺는 조건으로 물러갔어요.

낱말 사전

포로
전쟁에서 적군에 사로 잡힌 사람

굴복
힘이 모자라서 복종함

정묘호란
정묘년(1627년)에 후금(여진)이 일으킨 전쟁

광해군의 중립 외교

1 조선과 후금에 대한 설명으로 맞으면 ○표, 틀리면 ×표 하세요.

(1) 명이 약해진 틈을 타 여진의 누르하치가 힘을 키워 후금을 세웠다.　(　　　)

(2) 광해군은 후금의 조선 침입을 막기 위해 명에 군대를 보냈다.　(　　　)

(3) 후금은 조선을 굴복시키기 위해 병자호란을 일으켰다.　(　　　)

2 다음 내용이 광해군 때 해당하는 것은 '광', 인조 때 해당하는 것은 '인'이라고 쓰세요.

(1) 명에 보낸 조선군이 왕의 명령에 따라 후금에 항복하였다.　(　　　)

(2) 일부 신하들이 명의 은혜를 저버렸다며 왕의 정책을 비판하였다.　(　　　)

(3) 후금이 쳐들어오자 강화도로 피란하여 후금에 맞섰다.　(　　　)

3 다음 조선 시대 역사 인물 카드를 보고 ㉠~㉣에 들어갈 알맞은 말을 쓰세요.

왕: (　　㉠　　)

- 후금에 맞섰다가 또 전쟁을 겪을 것을 걱정했음
- 명과 후금 사이에서 (　㉡　) 정책을 펴다 왕의 자리에서 쫓겨남

왕: (　　㉢　　)

- 명을 가까이하고 후금을 멀리하는 정책을 폈음
- 후금이 (　㉣　)을 일으키고, 조선에 쳐들어오자 후금과 형제 관계를 맺기로 함

㉠ (　　　　　)　　㉡ (　　　　　)　　㉢ (　　　　　)　　㉣ (　　　　　)

어휘 더하기

중립
가운데[中] + 서다[立]

어느 쪽에도 치우치지 않고 중간 입장을 지킴

예 그 나라는 어떠한 전쟁에서도 영원히 중립을 유지하기로 하였다.

비슷한 뜻으로 어느 쪽으로도 치우치지 않은 입장을 뜻하는 중도(中道)란 말이 있어요.

02 청의 침략에 조선은 어떻게 대응했을까?

정묘호란 이후 후금은 힘이 더욱 강해져 나라 이름을 청으로 고쳤어요. 그리고 청을 임금의 나라로 섬기라고 조선에 요구했어요. 조선이 이를 거절하자 청 태종이 직접 군대를 이끌고 조선에 쳐들어왔어요(병자호란).

인조는 다시 강화도로 피란하려고 했어요. 하지만 청군이 빠른 속도로 내려와 강화도로 가는 길을 막았어요. 인조와 신하들은 한양에서 가까운 남한산성으로 급하게 피했어요. 청군이 남한산성을 포위하자 지원군과 의병이 청군을 공격했지만 이길 수 없었어요.

신하들은 끝까지 싸워야 한다는 김상헌 쪽과 전쟁을 끝내야 한다는 최명길 쪽으로 나뉘었어요. 준비하고 피란을 간 것이 아니었기 때문에 남한산성에는 식량도 물도 부족했어요. 한겨울이라 날씨까지 매우 추웠어요. 상황은 더욱 불리해져, 먼저 피란 간 왕족과 신하들이 머무르고 있던 강화도까지 청에 함락되었어요. 결국 조선은 더 이상 버티지 못하고 남한산성에 들어간 지 45일 만에 청에 항복하기로 했어요.

인조는 남한산성을 나와 삼전도에서 청 태종에게 항복했어요. 인조는 신하의 옷을 입고 청 황제에게 세 번 절을 했는데, 한 번 절할 때마다 세 번씩 머리가 바닥에 닿게 숙여야 했어요. 그리고 청을 임금의 나라로 섬기겠다고 약속했어요.

항복 후 인조의 아들인 소현 세자와 봉림 대군, 소현 세자의 부인 강씨, 끝까지 싸우자고 주장한 신하들뿐만 아니라 수많은 백성들도 청에 인질로 끌려갔어요.

낱말 사전

병자호란
병자년(1636년)에 청(여진)이 일으킨 전쟁
함락
적의 성, 요새 등을 공격하여 무너뜨림
삼전도
서울시 송파구 삼전동에 있던 나루

▲ 남한산성 남문(경기 광주)

▲ 인조가 청 태종에게 항복하는 모습(상상화)

1 병자호란에 대한 설명으로 맞으면 ○표, 틀리면 ×표 하세요.

(1) 후금은 힘이 더욱 강해져 나라 이름을 청으로 고치고, 조선에 쳐들어왔다. (　　　)

(2) 인조는 청에 항복하고 청과 형제의 나라로 지내겠다고 약속하였다. (　　　)

2 다음 내용의 □ 안에 들어갈 알맞은 말을 쓰세요.

(1) 조선이 청의 요구를 거절하자 청 태종이 □□□□을 일으켰다.

(2) 인조는 45일 만에 성에서 나와 □□□에서 청 태종에게 항복하였다.

3 빈칸 ㉠~㉢에 들어갈 알맞은 말을 〈보기〉에서 골라 쓰세요.

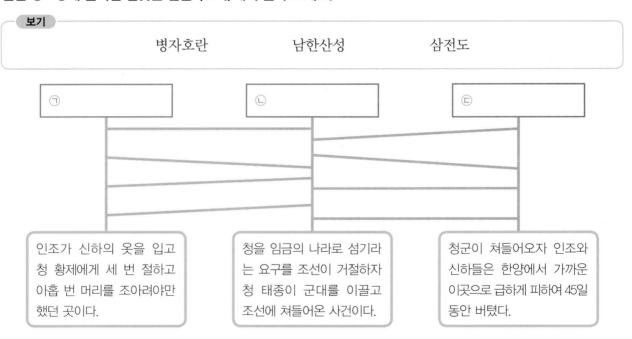

보기
병자호란　　　남한산성　　　삼전도

㉠
㉡
㉢

인조가 신하의 옷을 입고 청 황제에게 세 번 절하고 아홉 번 머리를 조아려야만 했던 곳이다.

청을 임금의 나라로 섬기라는 요구를 조선이 거절하자 청 태종이 군대를 이끌고 조선에 쳐들어온 사건이다.

청군이 쳐들어오자 인조와 신하들은 한양에서 가까운 이곳으로 급하게 피하여 45일 동안 버텼다.

어휘 더하기

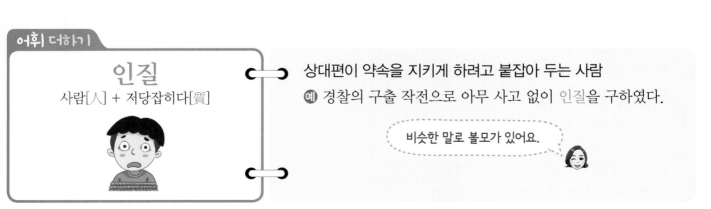

인질
사람[人] + 저당잡히다[質]

상대편이 약속을 지키게 하려고 붙잡아 두는 사람
예 경찰의 구출 작전으로 아무 사고 없이 인질을 구하였다.

비슷한 말로 볼모가 있어요.

30 일차 | 실전 문제

1 (가)~(다)를 일어난 순서대로 옳게 나열한 것은 무엇인가요? (　　)

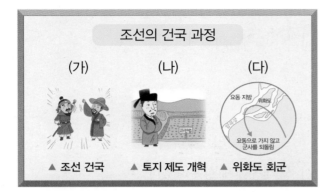

조선의 건국 과정

(가)　　(나)　　(다)

▲ 조선 건국　　▲ 토지 제도 개혁　　▲ 위화도 회군

① (가)-(나)-(다)　　② (가)-(다)-(나)
③ (나)-(가)-(다)　　④ (나)-(다)-(가)
⑤ (다)-(나)-(가)

2 다음 인물의 업적으로 옳은 것은 무엇인가요?
(　　)

• 신흥 무인 세력이다.
• 위화도에서 군대를 돌려 권력을 잡았다.
• 조선을 세웠다.

① 율령을 반포하였다.
② 호족의 딸과 결혼하는 정책을 폈다.
③ 고려 말 왜구와 홍건적을 물리쳤다.
④ 조선의 새 수도를 개경으로 정하였다.
⑤ 왜구의 소굴인 쓰시마섬을 공격하였다.

3 다음은 어떤 세력에 대한 설명인가요? (　　)

• 고려 말 새롭게 등장한 세력이다.
• 새로운 유교 사상인 성리학을 공부하였다.
• 고려 사회의 여러 문제를 해결하려고 하였다.

① 호족　　　　② 권문세족
③ 진골 귀족　　④ 신진 사대부
⑤ 신흥 무인 세력

4 다음은 누구를 인터뷰하는 것인가요? (　　)

조선 건국 과정에서 어떤 일을 하셨나요?

이성계와 손잡고 새로운 나라를 세웠지요.

앞으로 조선은 어떤 나라가 되어야 할까요?

왕은 현명할 수도 있고 어리석을 수도 있으니, 현명한 신하가 중심이 되어 나라를 이끌어가야지요.

① 정도전　　② 이방원
③ 정몽주　　④ 김종서
⑤ 곽재우

5 다음 정책의 결과로 (가)에 들어갈 알맞은 말을 쓰세요.

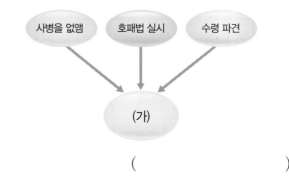

사병을 없앰　　호패법 실시　　수령 파견

(가)

(　　)

6 선생님의 질문에 대한 학생의 대답으로 옳지 <u>않은</u> 것은 무엇인가요? (　　　)

조선의 수도인 한양에 대해 이야기해 볼까요?

① 주위가 산으로 둘러싸여 방어에 유리했어요.
② 한반도의 중앙에 있어 나라를 다스리기 좋았어요.
③ 유교에서 중요하게 여기는 말을 넣어 성문의 이름을 지었어요.
④ 한강이 있어 물건을 나르거나 세금을 거두어들이기에도 편했어요.
⑤ 불교의 가르침에 따라 궁궐 동쪽에 종묘, 서쪽에 사직단을 두었어요.

7 다음 가상 역사 뉴스에서 빈칸 ㉠에 들어갈 말로 옳은 것은 무엇인가요? (　　　)

앞으로 16세 이상의 남자는 화면에 보이는 ㉠를 가지고 다녀야 하는데, ㉠를 보면 이름, 신분, 나이 등을 알 수 있도록 만든다고 합니다.

① 마패
② 홍패
③ 위패
④ 호패
⑤ 상패

8 다음은 용진이네 학교 사회 시험에 나온 문제와 용진이가 쓴 답안입니다. 용진이의 점수는 몇 점인가요?
(　　　)

단원 평가	과목	사회	( )반 ( )번
	조선의 과거 시험		이름 ( )

■ 조선의 과거 시험은 ㉠ 년마다 실시하는 것을 원칙으로 하였다. 시험은 문과, 무과, ㉡ 로 나뉘었다. ㉢ 등의 천민만 아니면 누구나 과거 시험을 볼 수 있는 것이 원칙이었다. 하지만 주로 농사를 지었던 ㉣ 이 과거 시험을 보는 일은 드물었다.

※ ㉠~㉣: 각각 2점

사회 단원 평가 답안지			
(4)반 (19)번		이름 (이용진)	
㉠	3	㉡	소과
㉢	노비	㉣	중인

① 0점
② 2점
③ 4점
④ 6점
⑤ 8점

9 밑줄 친 '이것'을 만든 왕의 업적으로 옳은 것은 무엇인가요? (　　　)

• 소리가 나는 발음 기관의 원리를 연구하여 <u>이것</u>을 만들었다.
• 백성들이 제 뜻을 제대로 펼 수 있도록 <u>이것</u>을 만들었다.

① 사병을 없앴다.
② 호패법을 실시하였다.
③ 근정전을 건설하였다.
④ 4군과 6진을 설치하였다.
⑤ 『경국대전』을 완성하였다.

10 다음 글의 (가)에 들어갈 말로 옳은 것은 무엇인가요? ( )

북쪽의 여진족이 국경을 넘어 조선 사람들을 공격하자, 조선 정부는 최윤덕과 김종서를 보내 여진족을 몰아내고 4군과 6진을 설치하였다. 4군과 6진 지역을 확보하여 조선은 ___(가)___ 까지 영토를 넓혔다.

① 강동 6주
② 요서 지방
③ 요동 지방
④ 청천강 북쪽
⑤ 압록강과 두만강

11 현장 체험 학습 안내문 중 (가)에 들어갈 내용을 쓰세요.

현장 체험 학습 안내문
○학년 ○반

1. 주제: 병자호란의 현장을 찾아서
2. 장소: 남한산성
3. 학습 내용
   가. 광해군의 ___(가)___ 정책
   나. 인조의 친명배금 정책
   다. 병자호란의 현장, 남한산성

( )

12 다음은 가상 다큐멘터리의 홍보 게시물입니다. (가)에 들어갈 사진으로 옳은 것은 무엇인가요? ( )

측우기의 비밀

세종 때에는 과학 기술이 크게 발전하였다. 그중에서도 비가 내린 양을 재는 측우기는 서양보다 200여 년이나 앞선 놀라운 성과였다. 어떻게 이렇게 빨리 측우기를 만들었을까? 그 비밀을 파헤쳐 본다.

(가)

①
②
③
④
⑤

13 다음은 가상 영화의 한 장면입니다. 이 영화에 나올 장면으로 적절하지 <u>않은</u> 것은 무엇인가요? ( )

▲ 피란길에 나선 선조와 관리들

① 권율의 지휘로 크게 승리한 행주 대첩
② 명을 공격하겠다는 도요토미 히데요시
③ 김상헌 쪽과 최명길 쪽으로 나뉜 신하들
④ 의병을 이끌고 일본군을 물리치는 곽재우
⑤ 학익진 전법으로 큰 승리를 거둔 한산도 대첩

26일차 세종 대의 발전

01 세종은 왜 훈민정음을 만들었을까?　본문 123쪽

스토리 씽킹　**1** (1) ○ (2) × (3) ○　**2** (1) 한자 (2) 세종 (3) 훈민정음　**3** (1) 쉽게 익혀 편하게 쓰고 제 뜻을 제대로 펼 수 있도록 (2) ㉡

02 세종 때 어떻게 과학 기술이 발전했을까?　본문 125쪽

스토리 씽킹　**1** (1) × (2) × (3) ○　**2** (1) ㉢ (2) ㉠ (3) ㉣ (4) ㉡ (5) ㉤

27일차 유교와 생활

01 조선이 유교를 나라의 근본으로 삼은 까닭은?　본문 127쪽

스토리 씽킹　**1** (1) ○ (2) ○ (3) ×　**2** (1) 유교 (2) 오륜 (3) 경국대전　**3** (1) 신진 사대부 (2) 유교

02 조선 시대 사람들은 어떻게 살았을까?　본문 129쪽

스토리 씽킹　**1** (1) × (2) ○ (3) ○　**2** (1) 양반 (2) 상민 (3) 노비　**3** (1) 양반 (2) 상민 (3) 천민(천인) (4) 중인

28일차 임진왜란

01 임진왜란은 왜 일어났을까?　본문 131쪽

스토리 씽킹　**1** (1) ○ (2) ○　**2** (1) 세금 (2) 조총 (3) 도요토미 히데요시　**3** (1) 지방 세력가 (2) 명 (또는 중국) (3) 조총 (4) 의주

02 이순신과 수군의 활약을 높이 평가하는 까닭은?　본문 133쪽

스토리 씽킹　**1** 이순신, 권율　**2** (1) 한산도 (2) 의병　**3** ㉠ 곡창 ㉡ 행주산성

29일차 병자호란

01 광해군과 인조의 외교 정책은 어떻게 달랐을까?　본문 135쪽

스토리 씽킹　**1** (1) ○ (2) × (3) ×　**2** (1) 광 (2) 광 (3) 인　**3** ㉠ 광해군 ㉡ 중립 외교 ㉢ 인조 ㉣ 정묘호란

02 청의 침략에 조선은 어떻게 대응했을까?　본문 137쪽

스토리 씽킹　**1** (1) ○ (2) ×　**2** (1) 병자호란 (2) 삼전도　**3** ㉠ 병자호란 ㉡ 남한산성 ㉢ 삼전도

30일차 | 실전 문제

본문 138~140쪽

1 ⑤	2 ③	3 ④	4 ①

5 왕권을 강화하였다. (또는 왕권 강화)　　**6** ⑤

7 ④	8 ③	9 ④	10 ⑤

11 중립 외교　　**12** ②　　**13** ③

1 (가) 조선 건국은 1392년, (나) 토지 제도 개혁은 1391년, (다) 위화도 회군은 1388년입니다.

2 제시된 인물은 이성계입니다. ① 고구려 소수림왕과 신라 법흥왕의 업적입니다. ② 고려 왕건의 정책입니다. ④ 수도를 한양으로 정했습니다. ⑤ 조선 세종 때 이종무의 업적입니다.

3 신진 사대부는 고려 말 등장한 새로운 정치 세력으로 성리학을 공부하고 과거 시험으로 관리가 된 사람들입니다.

4 이성계와 손잡고 새로운 나라를 세웠으며, 현명한 신하가 중심이 되어 나라를 이끌어 가야 한다는 말을 통해 정도전을 인터뷰하는 내용임을 알 수 있습니다.

5 사병을 없애 왕권을 위협할 수 있는 세력의 힘을 약화시켰습니다. 호패법 실시로 세금 낼 사람, 군대 갈 사람, 나라 공사에 동원할 사람을 쉽게 파악할 수 있어 왕의 힘이 강해졌습니다. 그리고 수령 파견으로 왕의 명령이 지방 곳곳의 백성들에게 미치도록 하여 왕권을 강화하였습니다.

6 ⑤ 유교의 가르침에 따라 경복궁, 종묘, 사직단의 위치를 배치하였습니다.

7 ① 마패는 관리가 역의 말을 쓸 자격이 있음을 증명하는 것으로 암행어사의 증명으로 쓰이기도 하였습니다. ② 홍패는 과거의 최종 합격자에게 주던 증명서입니다. ③ 위패는 죽은 사람의 영혼을 모시는 뜻으로 이름을 적어 놓은 나뭇조각입니다. ⑤ 상패는 상으로 주기 위하여 금속이나 유리 등으로 네모나거나 둥글게 만든 것입니다.

8 ㉡ 잡과, ㉣ 상민이 들어가야 합니다.

9 밑줄 친 '이것'은 훈민정음이고 이것을 만든 왕은 조선 세종입니다. ① 정종이 왕으로 있을 당시에 이방원은 왕족이나 신하들이 개인적으로 거느리고 있던 사병을 없애 왕권을 위협하지 못하도록 하였습니다. ② 태종 이방원은 16세 이상의 남자에게 호패를 발급하는 호패법을 실시하였습니다. ③ 근정전은 경복궁의 중심 건물로 태조 이성계 때 건설되었습니다. ④ 조선 세종 때 4군과 6진을 설치하였습니다. ⑤『경국대전』은 조선 성종 때 완성되었습니다.

10 4군 6진 지역을 확보하여 조선은 압록강과 두만강까지 영토를 넓혔습니다.

11 광해군은 새롭게 떠오르는 후금에 맞섰다가 또 전쟁을 겪게 될 것을 걱정하여 명과 후금 사이에서 중립 외교 정책을 폈습니다.

12 ① 화차, ③ 혼천의, ④ 앙부일구, ⑤ 자격루입니다.

13 제시된 장면은 임진왜란 때의 일입니다. ③은 병자호란 때의 일입니다.

어휘 적용하기

본문 141쪽

1 ③   **2** ④
3 ㉠ 견해 ㉡ 방어 ㉢ 현명

1 ㉮ '신흥'은 어떤 세력이나 사회 현상이 새롭게 일어나는 것을 의미합니다. '기성'은 '신흥'의 반대말로, 이미 이루어진 것을 의미합니다.
㉯ '방어'는 상대방의 공격을 막는 것을 의미합니다. '수비'는 외부의 침략이나 공격을 막아 지키는 것을 의미합니다.
㉰ '견해'는 사물이나 현상을 바라보는 생각이나 의견을 의미합니다. '소견'은 어떤 일이나 사물을 보고 느끼는 생각이나 의견을 의미합니다.
㉱ '양반'은 조선 시대의 지배 신분을 가리키는 말입니다. '상민'은 조선 시대의 일반 백성 신분을 가리키는 말로 농업, 상업, 수공업, 어업 일을 하였습니다.

2 ㉠ '수령'은 조선 시대에 각 군현에 파견되어 군현을 통치하던 관리입니다.
㉡ '신분'은 핏줄, 집안 등에 따라 몇 개의 등급으로 나눈 사람의 지위를 가리키는 말입니다. 대대로 물려받는 것이 원칙이었습니다.
㉢ '성균관'은 지금의 국립 대학에 해당하는 조선 시대 최고 유학 교육 기관입니다.
※ '관찰사'는 조선 시대에 도에 파견된 지방 관리입니다.
※ '홍문관'은 궁궐 안의 경전과 문서 등을 관리하고 왕의 자문에 응하는 일을 하던 관청입니다.

3 ㉠ '견해'는 사물이나 현상을 바라보는 생각이나 의견을 가리키는 말입니다.
㉡ '방어'는 싸움이나 경기 등에서 상대방의 공격을 막는 것을 말합니다.
㉢ '현명'은 어질고 슬기로워 사물의 이치에 밝음을 뜻합니다.
※ '중립'은 어느 쪽에도 치우치지 않고 중간 입장을 지킴을 뜻합니다.
※ '처지'는 맞닥뜨린 사정이나 형편을 말합니다.
※ '보존'은 잘 관리하여 남아 있게 하는 것을 말합니다.